LA

THÉORIE DU RENVOI

EN DROIT INTERNATIONAL PRIVÉ

PAR

A. LAINÉ

PROFESSEUR A LA FACULTÉ DE DROIT DE L'UNIVERSITÉ DE PARIS

Extrait de la *Revue de droit international privé et de droit pénal international* des années 1907, 1908 et 1909

LIBRAIRIE
DE LA SOCIÉTÉ DU RECUEIL J.-B. SIREY & DU JOURNAL DU PALAIS
Ancienne Maison L. LAROSE & FORCEL
22, Rue Soufflot, PARIS, 5e Arrondt
L. LAROSE & L. TENIN, Directeurs

1909

LA THÉORIE DU RENVOI

EN DROIT INTERNATIONAL PRIVÉ

IMPRIMERIE
CONTANT-LAGUERRE
BAR-LE-DUC

LA

THÉORIE DU RENVOI

EN DROIT INTERNATIONAL PRIVÉ

PAR

A. LAINÉ

PROFESSEUR A LA FACULTÉ DE DROIT DE L'UNIVERSITÉ DE PARIS

Extrait de la *Revue de droit international privé et de droit pénal international* des années 1907, 1908 et 1909.

LIBRAIRIE
DE LA SOCIÉTÉ DU RECUEIL J.-B. SIREY & DU JOURNAL DU PALAIS
Ancienne Maison L. LAROSE & FORCEL
22, *Rue Soufflot, PARIS, 5e Arrondt*
L. LAROSE & L. TENIN, Directeurs

1909

LA

THÉORIE DU RENVOI

EN DROIT INTERNATIONAL PRIVÉ

Par A. LAINÉ

Professeur à la Faculté de droit de Paris.

Le Tribunal civil de Melun a rendu, dans une affaire Samory, le 27 mars 1903, le jugement dont le texte suit :

Le Tribunal : Sur la demande de compte, liquidation et partage; — Att. que Numa-Joseph Samory, sujet américain, originaire de la Louisiane, est décédé *ab intestat* à Saint-Sauveur-sur-École, le 11 mars 1902, laissant la demanderesse, sa veuve, avec laquelle il était marié sous le régime de la communauté de biens réduite aux acquêts, aux termes de son contrat de mariage reçu Lafflat, notaire à Villeneuve-sur-Yonne, le 5 mars 1890, lequel confère à ladite dame des droits et avantages matrimoniaux, créances et recours à exercer contre la succession de son mari et contre la communauté, et pour héritiers ses frères et sœurs, ou leurs représentants, défendeurs à la présente instance, ainsi que leurs qualités résultent de l'intitulé de l'inventaire dressé après le décès dudit Samory par Me Sabot, notaire à Paris, suivant procès-verbal en date du 10 mai 1902 enregistré; — Att. que, suivant acte dressé au greffe de ce Tribunal, le 10 sept. 1902, enregistré, Henri Samory a renoncé à la succession de Numa-Joseph Samory, de sorte que la part devant lui revenir est accrue à ses héritiers; — Att. que ceux-ci comparant à la présente instance ont déclaré, par acte passé au greffe de ce même tribunal en date du 6 nov. 1902, accepter, mais sous bénéfice d'inventaire seulement, la succession dont s'agit; — Att. que jusqu'à ce jour cette succession n'a encore été ni liquidée, ni partagée, non plus que la communauté ayant existé entre les époux Samory-Perdriat; — Att. qu'aux termes de l'article 815 du Code civil, nul n'est tenu de demeurer dans l'indivision; — Qu'au surplus, les défendeurs comparants déclarent en leur qualité d'héritiers bénéficiaires s'en rapporter purement et simplement à justice sur la demande en compte, liquidation et partage introduite par la demanderesse veuve Samory-Perdriat; — Qu'il convient de leur en donner acte et de faire droit à la demande dont le principe est justifié, en commettant Mᵉ Sabot, notaire à Paris, pour les opérations de compte, liquidation et partage auxquelles il devra être procédé; — Att. qu'il dépend de la communauté à partager une maison d'habitation avec ses dépendances sise à Saint-Sauveur-sur-École, laquelle est impartageable en nature eu égard aux droits des parties; qu'il y a donc lieu d'ordonner la licitation; — Att. que les parties sont en désaccord sur le chiffre de la mise à prix qui doit être fixée pour cette licitation, la demanderesse proposant celui de quinze mille francs et les défendeurs prétendant qu'elle ne saurait être inférieure à vingt-cinq mille francs; — Att. qu'en tenant compte de tous les éléments d'appréciation soumis au Tribunal sur la valeur réelle de l'immeuble à liciter, il convient de fixer la mise à prix dont s'agit à 20.000 francs. — Sur le mode de règlement des parties; — Att. qu'il est hors de doute et qu'il n'est pas contesté que la dame Vve Samory a droit, outre ses reprises, à l'usufruit de la part revenant éventuellement aux héritiers de son mari dans la communauté ayant existé entre elle et ce dernier; — Att. d'ailleurs que, en ce qui concerne l'immeuble, les droits respectifs des parties doivent être en tout état de cause réglés suivant les bases fixées par la loi française, puisque l'immeuble est situé en France; que l'article 3 du Code civil dispose, en effet, en termes formels, que les immeubles, même ceux possédés par des étrangers, sont régis par la loi française; que du reste aucun désaccord sérieux ne paraît exister, de ce chef, entre les parties; — Mais att. qu'une contestation est soulevée sur le point de savoir si la succession du défunt, qui se compose exclusivement de valeurs mobilières, doit être régie par la loi civile française, laquelle donne à la veuve survivante la moitié en usufruit de la succession de son mari, ou, au contraire, par le Code civil de l'État de la Louisiane, dont l'article 911 est ainsi conçu : « Les frères ou sœurs du *de cujus* ou leurs descendants sont héritiers de toute la succession, à l'exclusion des autres collatéraux et du conjoint survivant; — Att. qu'il est de principe que les meubles, en tant qu'ils forment une universalité et qu'ils sont pris, non pas à titre individuel, mais en masse, sont considérés comme attachés à la personne de celui auquel ils appartiennent; que, par suite, ils doivent être réputés se trouver là où celui-ci est en possession et jouissance de ses droits, en d'autres termes à l'endroit où il a son existence juridique, c'est-à-dire au lieu de son domicile légal; que cette règle, exprimée dans notre ancien droit par la maxime « *mobilia sequuntur personam* », dérive également des principes consacrés par notre droit moderne; — Att. qu'il s'ensuit que, les biens en général étant régis par la loi du lieu de la situation juridique qui doit leur être attribuée, il faut, pour déterminer la législation à laquelle est soumise la dévolution d'une succession mobilière, envisager non pas exclusivement la nationalité du *de cujus*, ni le lieu d'ouverture de sa succession, mais bien le lieu de son domicile, au respect de la loi dont lui ou ses représentants prétendent invoquer les dispositions; — Att. qu'il convient donc de rechercher et de préciser si Samory, sujet américain, dont la succession s'est ouverte à Saint-Sauveur-sur-École, lieu de son décès, avait en France un domicile légal entraînant pour lui la jouissance des droits civils; qu'à cet égard et pour résoudre la question telle qu'elle vient d'être posée, la loi française doit seule être consultée; qu'il importe peu, en effet, de savoir quel est aux yeux de la loi nationale le domicile d'un étranger, si la loi française dont on prétend réclamer le bénéfice et l'application ne lui reconnaît pas de domicile sur le territoire français; — Att. qu'il est constant en fait et qu'il n'est point méconnu que Samory, originaire de la Nouvelle-Orléans, est venu en France, vers l'année 1888, époque à laquelle il a fait à Paris une déclaration de résidence en sa qualité d'étranger; qu'il s'est marié à Villeneuve-sur-Yonne, en mars 1890, et qu'après avoir fait un voyage en Amérique au cours de ladite année il n'a jamais cessé depuis de résider sur le territoire français; — Mais att. qu'il n'a jamais fait en France aucune déclaration de domicile dans les termes de l'article 13 du Code civil et qu'il a toujours entendu conserver sa nationalité d'origine, ainsi qu'il résulte d'une nouvelle déclaration de résidence par lui faite en qualité d'étranger lorsqu'il est venu en 1897 habiter la commune de Saint-Sauveur-sur-École, où a eu lieu son décès; — Att. qu'il est donc incontestable qu'il n'avait en France aucun domicile légal et que, sujet de l'État de la Louisiane, il ne possédait à Saint-Sauveur-sur-École qu'une simple résidence de fait, ne pouvant entraîner aucune conséquence au point de vue de sa capacité et de ses droits; qu'au respect de la loi française les meubles et valeurs mobilières composant sa succession sont restés soumis à la loi de son pays d'origine, c'est-à-dire aux dispositions du Code civil de la Louisiane qui réglaient son statut personnel et qui, de son vivant, n'ont pas cessé de lui être applicables; — Att. qu'on reviendrait, il est vrai, par voie de conséquence, à appliquer en fin de compte la loi française, si la loi de l'État de la Louisiane, qui, ainsi qu'il vient d'être dit, doit être observée dans notre espèce, prescrivait de se référer, en matière de statut personnel et pour la dévolution des biens, à la loi du pays où le *de cujus* avait une simple résidence de fait; — Mais att. que le Code civil de la Louisiane ne contient aucune disposition semblable; que si, en effet, on y trouve nettement posées les règles qui fixent le domicile de chaque citoyen et le lieu d'ouverture de sa succession en cas de décès, aucun des textes qu'il renferme ne prescrit de suivre pour le règlement de cette succession la loi du lieu du décès ou de la résidence de fait du *de cujus*, qui, dans certains cas, constitue, au sens de la loi américaine, son domicile légal; — Att. que, la loi française ne devant, à quelque point de vue qu'on se place, recevoir son application pour le règlement de la succession mobilière de Samory, il y a lieu de s'en tenir aux dispositions du Code de la Louisiane, qui, ainsi qu'il a été dit ci-dessus, n'accorde à la veuve survivante aucun droit dans la succession de son mari, lorsque cette succession échoit aux frères et sœurs de ce dernier ou à leurs représentants; — Sur la nomination d'un administrateur provisoire et sur l'allocation à la dame Samory d'une pension alimentaire; — Att. que la nomination d'un administrateur provisoire qui sera chargé de toucher les revenus des valeurs inventoriées et d'acquitter le passif constaté à l'inventaire paraît utile pour sauvegarder les droits respectifs de toutes les parties intéressées; qu'au surplus les défendeurs déclarent dans leurs conclusions ne pas s'y opposer et s'en rapporter, quant à ce, purement et simplement à justice; qu'il y a lieu de leur en donner acte; — Att. qu'ils ne contestent pas davantage qu'une pension mensuelle doive être allouée à la dame Samory pour subvenir à ses besoins jusqu'à l'issue de la liquidation; qu'ils prétendent toutefois que le chiffre de 800 francs demandé par la dame Samory est exagéré et que ce chiffre doit être réduit à 400 francs; — Att. qu'en tenant compte de tous les éléments d'appréciation et de la valeur des biens à partager, il convient de fixer à 450 francs par mois le chiffre de la pension dont s'agit et dont le montant sera versé à la dame Samory par l'administrateur provisoire qui va être désigné et auquel des pouvoirs vont être donnés à cet effet; — Par ces motifs : Donne acte aux défendeurs de ce qu'en leurs qualités d'héritiers bénéficiaires ils déclarent s'en rapporter à justice sur le principe de la demande en compte, liquidation et partage formée par la dame Samory, ainsi que sur sa demande tendant à la nomination d'un administrateur provisoire; — Dit et ordonne que par le ministère de Me Sabot, notaire à Paris, que le Tribunal commet à cet effet, il sera en présence de toutes les parties intéressées ou elles dûment appelées procédé aux opérations de compte, liquidation et partage de la communauté ayant existé entre les époux Samory-Perdriat, ainsi que des reprises, droits et avantages matrimoniaux de la dame Samory-Perdriat, et de la succession de Numa-Joseph Samory; — Et, préalablement à ces opérations et pour y parvenir, dit et ordonne qu'aux requête, poursuites et diligences de la demanderesse, en présence des défendeurs ou eux dûment appelés, il sera, à la barre du Tribunal, en l'audience des criées au Palais de Justice, procédé à la vente sur licitation au plus offrant et dernier enchérisseur de l'immeuble ci-après désigné : une propriété située à Saint-Sauveur-sur-École consistant : 1° — En une maison de maître, une cour derrière, un bâtiment à droite, une serre à la suite, à gauche écurie, logement de jardinier, encore à gauche un bâtiment, lapinière au fond, à droite remise, une cave, autre cave avec grenier, grande cave, puits, petit bâtiment à droite de la porte d'entrée, jardin d'agrément et jardin potager, le tout d'une contenance d'environ un hectare quarante-deux ares vingt et un centiares environ; — 2° un terrain entouré de treillage au midi et clos au nord par le mur du jardin contenant douze ares quatre-vingt-quatorze centiares, passage — sur la mise à prix de 20.000 francs; — Commet M. Semelaigue, juge, ou M. Prinet, juge suppléant en ce Tribunal, pour la surveillance desdites opérations et pour faire rapport, lors de l'homologation, s'il y a lieu; — Dit que la dame veuve Samory n'a droit qu'à l'usufruit de la part qui reviendra aux héritiers de Samory dans la communauté ayant existé entre elle et ce dernier, aux termes de leur contrat de mariage susénoncé, et aux reprises et avantages qu'elle peut avoir à exercer en vertu dudit contrat; — Dit et décide que l'actif de la succession de Samory, étant purement mobilier, sera attribué pour le tout aux héritiers de ce dernier, à l'exclusion de sa veuve survivante, qui ne peut y prétendre aucun droit d'usufruit ou autre, de quelque nature qu'il soit. Nomme M. Bénard, principal clerc de notaire à Paris, en qualité d'administrateur provisoire de la succession de Numa-Joseph Samory, avec pouvoir de recevoir toutes sommes pouvant être dues à la communauté et à la succession, à quelque titre que ce soit, en capitaux, intérêts, arrérages, dividendes, accessoires, payer celles que ces communauté et succession pourraient devoir. Lui donne également pouvoir de retirer des mains de tous dépositaires ou tiers détenteurs, sociétés, banques, administrations, toutes valeurs dépendant desdites communauté et succession, transférer et vendre, au cours de la Bourse qu'il jugera convenable, toutes inscriptions de rentes, actions, obligations et toutes autres valeurs sans exception dépendant desdites communauté et succession, jusqu'à concurrence du chiffre nécessaire pour acquitter lesdites sommes que ces communauté et succession peuvent devoir; commettre à cet effet tous agents de change, signer tous transferts, en recevoir le prix, entendre, débattre, clore, arrêter tous comptes avec tous créanciers et débiteurs, banquiers et dépositaires, tiers quelconques, en fixer les reliquats actifs et passifs, les recevoir ou payer; de toutes sommes reçues et payées, de toutes pièces et valeurs reçues et remises, donner et exiger toutes quittances et décharges; faire mainlevée avec tous désistements et consentir la radiation de toutes inscriptions, saisies, oppositions et autres empêchements quelconques auxdits effets; passer et signer tous actes, procès-verbaux, feuilles de transfert et de conversion, registres, élire domicile, etc.; — Dit qu'il sera versé à la dame Vve Samory par l'administrateur provisoire susdésigné, auquel tous pouvoirs sont donnés à cet effet, une somme de 450 francs par mois payable d'avance à titre de pension alimentaire jusqu'à l'issue de la liquidation et ce à compter du jour de la demande, sauf compte; — Déclare au surplus les parties mal fondées en leurs dires, moyens et conclusions, les en déboute; — Ordonne l'emploi des dépens en frais privilégiés de partage et licitation, avec distraction au profit des avoués de la cause qui l'ont requise sous l'affirmation de droit; — Et, vu les dispositions de l'article 135 du Code de procédure civile, ordonne l'exécution provisoire du présent jugement du chef de la nomination d'un administrateur provisoire, des pouvoirs à lui conférés et quant au service de la rente à titre de pension alimentaire, nonobstant appel et sans caution.

27 mars 1903. — Tribunal civil de Melun. — *Prés.*, M. Mabire. — *Min. publ.*, M. Gilbrin. — Me Arrighi, *avoué*.

Sur appel, la Cour de Paris (2e ch.) a prononcé, le 1er août 1905, sous la présidence de son regretté président, M. de Boislisle, l'arrêt suivant :

La Cour : — Cons. qu'il n'est pas contesté que Numa-Joseph Samory, *de cujus*, était citoyen de l'État de la Louisiane; qu'il a quitté cet État, en 1886, pour venir habiter en France; qu'il s'est marié en 1890, à Villeneuve-sur-Yonne, et qu'après un court voyage en Amérique, il est revenu en France, où il a acheté, à Saint-Sauveur-sur-École, une propriété qu'il a habitée jusqu'à sa mort; mais qu'il n'a jamais acquis la nationalité française, ni été admis à jouir des droits civils en France; qu'il a, au contraire, lorsqu'il est venu s'établir à Saint-Sauveur-sur-École, fait une déclaration de résidence comme étranger; — Cons. que le jugement déféré à la Cour a décidé, en conséquence, que sa succession mobilière était régie par la loi de l'État de la Louisiane, suivant laquelle « les frères et sœurs du *de cujus* ou « leurs descendants sont héritiers de toute la succession, à l'exclusion « des autres collatéraux et du conjoint survivant (art. 911, C. civ. « de la Louisiane) »; — Cons. que la dame veuve Samory a interjeté appel de ce jugement; qu'elle revendique le bénéfice de l'article 767 nouveau du Code civil; qu'elle prétend, pour faire repousser l'application de l'article 911 du Code civil de la Louisiane, que, d'après les lois et coutumes de cet État, constatées par les divers certificats de coutume qu'elle produit, le statut personnel d'un *de cujus* et, par suite, sa succession mobilière, ainsi que les droits des héritiers du sang et de l'époux survivant, seraient régis par la loi du lieu du domicile de fait de ce *de cujus*, abstraction faite de sa nationalité et de tout domicile légal; qu'elle soutient que, d'après ces mêmes lois et coutumes, le domicile d'une personne est au lieu où elle a sa résidence effective, fixe et permanente et son principal établissement; qu'elle invoque, à cet égard, l'article 46 du Code civil de la Louisiane, aux termes duquel une absence volontaire de deux années en dehors de l'État ou l'acquisition d'une résidence dans un autre État de l'Union ou ailleurs entraîne la déchéance d'un domicile dans cet État; — Mais, cons. que les lois de droit international privé sont essentiellement territoriales; que la détermination de la condition des étrangers dans chaque pays rentre dans le pouvoir souverain de l'État de ce pays; que les lois édictées pour cet objet n'ont aucune répercussion hors du pays; mais que, réciproquement, les lois étrangères n'y peuvent porter atteinte; qu'il n'est au pouvoir d'aucun État d'en imposer l'application aux autres, mais qu'il n'a pas à subir chez lui l'application des lois différentes de même nature existant à l'étranger; — Cons. qu'en vertu d'une règle générale déduite par interprétation des dispositions de l'article 3 du Code civil, rapprochées de l'article 13, la succession d'un étranger domicilié de fait en France est réglée par sa loi nationale, s'il n'a pas été admis à la jouissance des droits civils; que, pour n'avoir pas été consacrée par un texte, cette règle ne laisse pas d'être certaine et absolue; que la loi à laquelle elle se réfère est celle qui constitue la loi interne du pays de l'étranger et qui régirait sa succession, si elle était ouverte dans ce pays, à l'exclusion des dispositions particulières de droit international privé qui peuvent avoir été édictées dans ce même pays, pour le cas où l'un de ses citoyens aurait établi son domicile ailleurs; qu'ainsi qu'on vient de le dire, de semblables dispositions, tant qu'elles n'ont pas été consacrées par une convention internationale, ne sont susceptibles d'aucune application en dehors du territoire pour lequel elles ont été faites; que, pour prendre un exemple dans l'espèce même, on ne saurait concevoir que la règle établie dans l'État de la Louisiane puisse être invoquée en France, en ce qu'elle soumet à la loi de cet État la succession des Français décédés sur son territoire, nonobstant, ainsi que l'indique une des autorités citées dans les certificats de coutumes, « le fait que « les lois de l'État de la résidence peuvent différer d'une façon essen- « tielle des lois de dévolution en vigueur en France »; que, par des raisons identiques, on doit écarter en France l'application de la règle inverse établie dans l'État de la Louisiane, pour la dévolution de la succession d'un citoyen de cet État, domicilié et décédé sur le territoire français, où il est, en tant qu'étranger, soumis à une règle différente; que, de même qu'en Louisiane on ne tient nul compte de la loi nationale du Français domicilié dans cet État, parce que la législation locale sur les conflits de loi ne s'attache qu'à la notion du domicile, de même, en France, où les mêmes conflits sont réglés par la nationalité, on doit s'en tenir au principe sur lequel est fondée la législation française et faire abstraction du domicile de fait qui, en dehors de l'attribution de compétence qu'il comporte, ne produit dans notre pays aucune conséquence juridique; qu'il n'y a ni conciliation ni concours possible entre des règles de droit international qui appliquent à la solution de conflits semblables des principes aussi opposés, car la réciprocité est également impossible; qu'on objecte vainement que la France n'appliquerait aux étrangers la loi de leurs pays respectifs que par des raisons de courtoisie internationale, et que ces raisons disparaîtraient lorsque cette loi répudie l'avantage fait à ses nationaux; que la règle établie en France pour les étrangers qui s'y trouvent n'est que l'exacte contre-partie de la règle semblable établie par l'article 3 du Code civil pour les Français fixés à l'étranger; qu'elle n'a pas été inspirée par un sentiment de déférence envers les autres nations, mais par la crainte de représailles; qu'y déroger, ce serait légitimer l'atteinte que les nations dont la législation est fondée sur le domicile portent aux intérêts français, lorsqu'elles refusent tout effet à la loi française sur leur territoire comme le fait la loi de la Louisiane; que tel a été, dans une occasion récente, le motif déterminant de la résistance opposée par les représentants de notre pays aux tentatives faites pour introduire dans les conventions internationales en préparation le principe, même très atténué, du renvoi à la loi du domicile; que s'il était vrai, ainsi qu'on l'a fait justement observer, que la règle française a été une concession faite aux autres nations, non seulement *ex comitate*, mais *ob reciprocam utilitatem* et par un sentiment de respect pour les liens qui rattachent les étrangers à leur nation, ce serait aller à l'encontre de ce double but que d'appliquer la loi française aux règlements des intérêts de famille d'étrangers qui ont manifesté l'intention de rester tels, et cela, contrairement à notre propre règle de droit international et en vertu d'une loi étrangère qui refuse chez elle l'application à nos nationaux de leur propre législation; que la prétention de la dame Samory repose donc sur une confusion manifeste entre la loi interne de la Louisiane, que les principes admis en France commandent d'appliquer aux citoyens de ce pays, lorsqu'ils viennent s'établir dans le nôtre, sans abdiquer leur nationalité, et une règle de droit international privé dont les effets ne peuvent s'étendre au delà du sol de la Louisiane; qu'il y a lieu, en conséquence, de confirmer le jugement dont est appel, non parce que la coutume admise en Louisiane subordonnerait, ainsi que l'ont pensé les premiers juges, le renvoi à la loi du domicile à l'acquisition d'un domicile pouvant, d'après la loi française, produire des effets légaux, car l'appelante a suffisamment démontré que cette coutume vise même le cas où il n'existerait qu'un domicile de fait, pourvu qu'à l'habitation effective se joigne l'*animus manendi*, mais par ce double motif que cette coutume est en contradiction avec une règle de notre droit et qu'ayant été introduite pour trancher les conflits qui peuvent s'élever dans la Louisiane, à raison de la déchéance du domicile ayant existé dans ce pays, pour employer les termes mêmes de l'article 46 du Code civil de la Louisiane, elle ne peut ni être invoquée hors de ce pays, ni être opposée à la loi d'un pays qui n'attache au *fait du domicile* aucun effet juridique; — Par ces motifs : — Dit que les lois et coutumes de l'État de la Louisiane, d'après lesquelles la succession mobilière d'un défunt, citoyen américain de cet État, serait régie par la loi du domicile de fait du *de cujus*, abstraction faite de sa nationalité et de tout domicile légal, constituent non la loi nationale des citoyens de la Louisiane, mais une règle de droit international privé qui ne peut produire effet en France, où il existe, à l'égard des étrangers, une règle contraire; en conséquence, déclare l'appelante mal fondée en toutes ses demandes, fins et conclusions, l'en déboute; confirme le jugement attaqué; ordonne qu'il sortira son plein et entier effet; condamne l'appelante à l'amende et aux dépens.

1er août 1905. — Cour d'appel de Paris (2e ch.). — *Prés.*, M. de Boislisle. — *Min. publ.*, M. Corentin Guyho. — MMes Lallier et Henri Thiéblin, *avocats.*

Le jugement du Tribunal de Melun, qui déboutait la dame Samory de sa demande, est confirmé par l'arrêt de la Cour de Paris. L'arrêt et le jugement refusent à la veuve d'un étranger, dans les circonstances du procès, le bénéfice de l'article 767 de notre Code civil, modifié par la loi du 9 mars 1891. L'un et l'autre appliquent à la succession mobilière d'un étranger domicilié en France, à sa mort, mais sans y avoir été admis à domicile, non pas la loi successorale française, mais la loi successorale du pays auquel appartenait le défunt. Et c'est également dans l'un et l'autre à titre de loi nationale du défunt, non comme loi de son domicile légal — bien qu'il y ait à cet égard beaucoup de confusion et d'ambiguïté dans le jugement —, c'est également, en d'autres termes, à raison du caractère de statut personnel, non de statut réel, reconnu au statut successoral en matière de meubles, que la loi de la Louisiane a été de préférence appliquée.

Mon intention n'est pas d'apprécier à ce double point de vue les deux décisions; je me borne à dire, ici, que je ne saurais m'y associer. Mais, fondées à ce double point de vue sur une doctrine commune, elles sont, sous un autre rapport, profondément différentes, et, sous ce rapport, l'arrêt de la Cour offre un intérêt de premier ordre. Le jugement implique l'adoption par le Tribunal de la « théorie du renvoi ». Effectivement, après avoir dit qu' « au respect de la loi française les meubles et valeurs mobilières composant la succession de Samory sont restés soumis à la loi de son pays d'origine, c'est-à-dire aux dispositions du Code civil de la Louisiane qui réglaient son statut personnel et qui de son vivant n'ont pas cessé de lui être applicables », le Tribunal ajoute : « On reviendrait, il est vrai, par voie de conséquence, à appliquer en fin de compte la loi française, si la loi de l'État de la Louisiane, qui, ainsi qu'il vient d'être dit, doit être observée dans notre espèce, prescrivait de se référer, en matière de statut personnel et pour la dévolution des biens, à la loi du pays où le *de cujus* avait une simple résidence de fait ». Or, c'est là ce que l'on nomme la « théorie du renvoi ». Le Tribunal, à la vérité, l'écarte, estimant que, dans l'espèce, elle ne saurait intervenir. Mais pourquoi? Parce que « le Code civil de la Louisiane ne contient rien de semblable ». La Cour, au contraire, d'après d'autres renseignements fournis par la dame Samory, pense que la coutume admise en Louisiane, sinon le Code civil de ce pays, désigne comme devant s'appliquer à la succession la loi du lieu où le défunt avait à sa mort son domicile, ne fût-ce qu'un domicile de fait, que, par conséquent, si l'on devait en France observer cette coutume étrangère, la succession serait, dans l'espèce, régie par la loi française. Mais, dit la Cour, « cette coutume est en contradiction avec une règle de notre droit; introduite pour trancher les conflits qui peuvent s'élever dans la Louisiane, à raison de la déchéance du domicile ayant existé dans ce pays, pour employer les termes mêmes de l'article 46 du Code civil de la Louisiane, elle ne peut ni être invoquée hors de ce pays, ni être opposée à la loi d'un pays qui n'attache au fait du domicile aucun effet juridique ». En d'autres termes, la Cour de Paris repousse formellement la « théorie du renvoi ». Et c'est pourquoi, tout en affirmant ce que le jugement a nié relativement à la législation louisianaise, l'arrêt en approuve et s'approprie le dispositif. Et c'est aussi pourquoi cet arrêt présente un intérêt capital : en effet, la « théorie du renvoi », cette doctrine funeste, qui est venue, depuis quelque temps, bouleverser le droit international privé et qui, si elle triomphait, le dépouillerait de tout caractère scientifique, le livrerait à l'empirisme et à l'incertitude, en un mot le ruinerait, s'y trouve pour la seconde fois en France condamnée par une Cour d'appel [1].

(1) Dans un arrêt tout récent du 11 juin 1906, la Cour d'appel de Pau vient, elle aussi, de condamner la « théorie du renvoi ». V. *infrà, Jurisprudence française*, v° *Succession*.

I

La « théorie du renvoi » ne fut pas, à l'origine, une théorie au sens propre du mot, c'est-à-dire un ensemble de quelques idées juridiques au moins, réfléchies et s'enchaînant par un raisonnement les unes aux autres. La science n'y eut aucune part. Ce fut simplement une façon nouvelle et singulière d'entendre l'application des lois étrangères en droit international privé, qui vint à surgir, dans certains litiges, comme spontanément et à l'improviste, évoquée par les nécessités de la défense. Telle partie, sentant sa cause perdue si l'application d'une loi étrangère, ainsi qu'elle avait eu lieu jusqu'alors, y était faite, recourut à un expédient : ce fut d'interpréter et de présenter aux juges ce phénomène juridique de manière à se le rendre favorable, en retournant contre son adversaire l'arme dirigée contre elle-même. Elle en puisa à la fois l'idée et la possibilité dans l'équivoque à laquelle prête en la matière une terminologie défectueuse, imprécise. Il y eut là, parfois, peut-être, une erreur commise de bonne foi par une personne se faisant elle-même illusion. Le plus souvent, à mon avis, ce fut un habile subterfuge, l'artifice d'un plaideur aux abois, qui, sans prendre le change, le fit prendre à ses juges. Les juges, assurément, auraient dû s'en défendre ; il leur incombe de rechercher, indépendamment des opinions ou des suggestions des parties, quel est le vrai sens de la loi. Mais il se trouva que cette nouvelle manière de voir s'accordait avec une secrète répugnance à observer les lois étrangères que pendant longtemps certains d'entre eux ont éprouvée. Elle leur permettait d'appliquer en réalité leur propre loi, sous couleur d'appliquer en vertu du droit international une loi étrangère. Loin, donc, de résister à l'invitation captieuse qui leur était faite, ils y répondirent avec la complaisance et l'empressement que l'on met à croire vrai ce que l'on désire.

L'affaire de la succession Forgo, dans laquelle se fit jour en France, pour la première fois, cette nouvelle conception du droit international privé, nous en montre bien la genèse. Aussi importe-t-il de l'analyser avec quelque détail, au lieu de se borner à l'indiquer ou même au lieu de l'exposer succinctement, comme on le fait d'ordinaire. On y surprendra dans sa simplicité première, avant qu'il devînt l'objet de justifications théoriques plus ou moins spécieuses, le « renvoi » spontané et comme instinctif, né d'une équivoque, hardiment exploité dans l'intérêt d'une cause désespérée, accepté par les juges sans réflexion, sans critique sérieuse, du moins, et sans motifs, aussitôt qu'il eut été proposé, parce qu'il se prêtait à l'élimination réelle de la loi étrangère, tout en lui faisant accueil en apparence, et qu'il séduisit par là des esprits prévenus contre l'observation des lois étrangères, enclins à éluder une règle à leurs yeux fâcheuse.

Un étranger, enfant naturel de nationalité bavaroise, après avoir habité depuis l'âge de cinq ans la France, y était mort domicilié, mais sans s'être fait admettre à domicile, en y laissant une importante succession mobilière, qui paraissait être en déshérence. L'Administration des domaines, se fondant sur les articles 713 et 768 du Code civil, en avait pris possession, en vertu d'un jugement du Tribunal civil de Pau, rendu le 16 oct. 1871. Mais, quelque temps après, des individus se prétendant héritiers, les consorts Dichtl, s'étaient fait connaître. C'étaient des parents collatéraux de la mère naturelle du défunt. D'où procès et conflit de la loi nationale de Forgo, déclarant héritiers les demandeurs, avec la loi française, leur déniant cette qualité. Le Tribunal et la Cour de Pau, cette dernière, le 14 mars 1874 (1), s'étaient prononcés pour l'application de la loi française, en tant que loi du domicile du défunt lors de son décès. Mais la Cour suprême avait cassé l'arrêt, le 5 mai 1875 (2), parce que le domicile des étrangers en France n'attribue, suivant elle, compétence à la loi française, à l'effet de régir leur succession mobilière, que s'il a été autorisé suivant l'article 13 du Code civil. Et la Cour de Bordeaux, sur le renvoi, adoptant cette doctrine, avait décidé, le 24 mai 1876 (3), qu'en vertu de la loi de Bavière la succession était échue aux demandeurs.

Jusque-là, quelle que fût la valeur juridique de ces décisions, ce sur quoi je fais toutes réserves, la solution du conflit des deux lois en présence par l'attribution de la prépondérance à l'une sur l'autre avait été normale : on l'avait entendue conformément à une tradition séculaire, à l'esprit de notre Code et —

(1 et 2) S. 75. 1. 409, P. 75. 1036, D. 75. 1. 348.
(3) S. 77. 2. 109, P. 77. 471, D. 78. 2. 79.

qu'il me soit permis de le dire —, aux données du bon sens. « Pour apprécier le mérite de la demande, avait notamment dit la Cour de Bordeaux, il y a lieu d'examiner si la succession de Forgo... doit être régie par la loi bavaroise ou par la loi française, et si, en admettant que la loi bavaroise soit applicable, elle donne aux appelants le droit de réclamer cette succession, ou à l'Administration des domaines, qui en a pris possession, comme se trouvant en état de déshérence ». Telle était bien la question, qui pouvait se formuler ainsi : laquelle des deux lois successorales en conflit devait l'emporter sur l'autre? Le Tribunal et la Cour de Pau, d'abord, avaient répondu que c'était la loi française, que, par conséquent, l'Administration des domaines devait rester en possession. Puis, la Cour de Bordeaux, considérant que « c'est d'après la loi bavaroise et non d'après la loi française que la dévolution de la succession doit être réglée », considérant en outre que « d'après le Code bavarois, les collatéraux illégitimes succèdent, à défaut d'ascendants, de descendants et de collatéraux légitimes... », avait réformé le jugement du Tribunal de Pau, ce qui entraînait pour l'Administration des domaines l'obligation de restituer les biens indûment occupés.

Mais voici que l'Administration des domaines s'avise d'examiner de très près ce Code bavarois qui, selon la Cour suprême et la Cour de Bordeaux, doit être la loi du procès, et qu'elle y trouve non pas seulement la règle de succession dont le bénéfice vient d'être attribué à ses adversaires, mais en outre une règle portant que la dévolution des successions mobilières est régie par la loi du pays où le défunt avait tout à la fois sa résidence et ses biens, c'est-à-dire une règle diamétralement opposée à celle qui, d'après notre jurisprudence, est la règle française. L'arrêt de cassation du 5 mai 1875 avait dit : « Adressez-vous à la loi successorale de Bavière ». Le Code bavarois dit, au contraire : « Adressez-vous à la loi successorale de France ». Armée de cette découverte, l'Administration des domaines se pourvoit, à son tour, contre l'arrêt de la Cour de Bordeaux, prétendant que la loi bavaroise a été faussement appliquée et, par suite, l'article 768 du Code civil violé.

La loi bavaroise avait été faussement appliquée! Comment cela? Est-ce que la loi successorale de Bavière n'appelait pas à la succession, dans l'espèce, les collatéraux de la mère naturelle du défunt? Nul n'en pouvait douter; c'était incontestable. Mais alors, que voulait-on dire? L'arrêt de la Cour suprême, rendu le 24 juin 1878 [1], nous l'apprend. Le pourvoi de l'Administration des domaines a été admis et l'arrêt de Bordeaux cassé pour cette raison : « Suivant le droit bavarois, les meubles, corporels ou incorporels, sont régis par la loi de leur situation, combinée, en matière de succession, avec la loi du domicile de fait ou résidence habituelle du défunt; il suit de là que la dévolution héréditaire des biens meubles que Forgo possédait en France, où il s'était fixé, doit être régie par la loi française ».

Là est la source de la « théorie du renvoi » et, comme on le voit, c'est une méprise. L'Administration des domaines et, à sa suite, la Cour suprême ont pris pour une règle de succession, différente de celle qu'avait appliquée la Cour de Bordeaux et plus conforme à la loi successorale de Bavière, une règle dont le caractère est tout autre, une règle qui statue non pas sur les prétentions respectives de personnes se disputant le gain d'une succession, mais sur le conflit, en matière de succession, de la loi successorale bavaroise avec les lois étrangères de même nature, une règle qui désigne non pas les héritiers, mais la loi qui les fera connaître. Que cette erreur ait été commise par l'Administration des domaines, cela se conçoit, quand même elle serait involontaire : le plaideur a tant d'intérêt à se tromper, quand il y va du succès de sa cause! Mais que la Cour suprême y soit elle-même tombée, on a quelque peine à le comprendre; car elle a de la sorte oublié l'objet du débat sur lequel avaient été successivement rendus le jugement du Tribunal de première instance, l'arrêt de la Cour de Pau et son propre arrêt du 5 mai 1875, qui était de savoir si les parents naturels du défunt étaient ou non ses héritiers; elle a même oublié qu'elle avait été la première à marquer la voie dans laquelle il fallait s'engager pour trouver la réponse à cette question et qu'avait effectivement suivie, sur ses indications, la cour de Bordeaux, c'est-à-dire la recherche des dispositions contenues sur ce point dans la loi successorale du pays où le défunt avait, lors de son décès, son domicile légal. Elle avait, en effet, déclaré que les faits constatés ne suffisaient pas pour attribuer à Forgo un domicile de nature, suivant les prétentions de l'Administration des

(1) S. 78. 1. 429; P. 78. 1102; D. 79. 1. 56.

domaines, à « soumettre la succession aux règles établies par la loi française ». En s'exprimant de la sorte, elle avait bien entendu dire que la succession devait être soumise aux règles établies par la loi bavaroise. Or, quel est l'objet des règles établies en matière de succession par une loi, sinon la dévolution successorale? Comment donc a-t-elle pu repousser la solution qu'elle avait elle-même indirectement dictée, en prescrivant de la puiser dans la loi successorale de Bavière? Comment n'a-t-elle pas vu que le pourvoi ne lui demandait rien de moins qu'une rétractation de sa propre doctrine?

En d'autres termes, il se trouve que, dans l'espèce, en outre du conflit de deux lois successorales, sur lequel s'était portée jusqu'alors l'attention de tous, qu'avaient seul envisagé parties et juges, une autre difficulté s'est élevée, celle de savoir lequel des deux législateurs de qui ces lois successorales émanent a le droit de statuer sur le conflit. L'Administration des domaines a suscité cette difficulté, mais ne l'a pas dégagée, mise en lumière; elle l'a, au contraire, confondue avec celle qui était en cause et s'en est servie pour dénaturer cette dernière. La Cour suprême aurait dû s'en apercevoir, faire la distinction qui n'était pas faite et répondre : « Le pourvoi, en se prévalant de dispositions du droit bavarois qui ne désignent pas les héritiers de Forgo, mais indiquent la loi à consulter pour les connaître, n'apporte pas au débat un nouvel élément de solution, il déplace le débat lui-même, il substitue une question nouvelle à celle que nous avons à résoudre. C'est donc à tort qu'il reproche à la Cour de Bordeaux d'avoir à ce sujet méconnu la loi de Bavière; la Cour de Bordeaux n'a pas méconnu cette loi, puisqu'elle n'avait pas à la connaître; elle n'avait pas à la connaître, puisque cette loi concerne une question qui n'était pas posée ».

On aurait pu, sans doute, alléguer à l'appui du pourvoi que les deux questions, maintenant en présence, l'une, la première en date, objet de toutes les décisions antérieures, l'autre, qui venait de surgir, étaient liées et que la dernière commandait la première, lui était préjudicielle. On aurait ainsi procédé avec discernement, franchise et clarté; sur cette nouvelle question, présentée comme préjudicielle à la première, on eût provoqué l'examen; on se fût demandé qui du législateur français ou du législateur bavarois avait qualité pour statuer sur le conflit des lois successorales de Bavière et de France. Or, on fait tout le contraire : on mêle, on confond les deux questions de telle sorte que l'on applique à la dernière, *a priori*, la règle propre à la première, la règle qui fait prévaloir la loi de Bavière sur la loi française.

Tel fut l'imbroglio d'où résulta, dans l'espèce, en fait, le « renvoi » ou, plus exactement, le retour à la loi successorale française, que l'on avait d'abord délaissée pour aller à la loi successorale de Bavière. Mais nous n'avons pas encore dans l'arrêt du 24 juin 1878, même à l'état d'essai, de vague ébauche, une « théorie du renvoi ». Nous n'avons qu'une méprise, née d'une équivoque, peut-être causée par ce qu'a eu d'imprévu et de déconcertant le pourvoi de l'Administration des domaines. La Cour de Toulouse, à qui l'affaire est renvoyée et qui rendra, à loisir, deux ans après, un arrêt longuement motivé, où les prétentions respectives des parties seront examinées sous les aspects les plus divers, va-t-elle se rendre compte de ce qui s'est passé, constater que l'on s'est engagé dans une voie fausse et revenir à la vérité? Nullement. Bien au contraire, elle tombe à son tour et lourdement dans l'erreur déjà commise et s'y enfonce au point d'oublier entièrement qu'il y a en France un système de solutions du conflit de la loi française avec les lois étrangères contenu dans l'article 3 du Code civil, système qui constitue le droit international privé propre à la France et qui ne saurait, sans une abdication de souveraineté, s'effacer devant les systèmes étrangers.

L'arrêt de la Cour de Toulouse, du 22 mai 1880 (1), développe longuement l'idée qu'avait brièvement énoncée l'arrêt de cassation du 24 juin 1878. Pour qui veut connaître, avant la « théorie du renvoi », le « renvoi » lui-même et ses conséquences, il est instructif. Il est même, à un autre point de vue, fort intéressant; car, si l'on en rapproche celui que vient de rendre la Cour de Paris, les deux décisions offrent un tel contraste que la dernière paraît être, à vingt-cinq ans de distance, la réfutation de la première. Aussi importe-t-il que l'on ait sous les yeux, malgré son étendue, tout ce passage. Après avoir soutenu que Forgo pouvait être considéré comme ayant eu en France, bien qu'il n'eût pas rempli les conditions exigées par l'article 13 du Code civil, un domicile de droit, non pas seulement de fait, ce qui eût normalement imposé l'application de la loi successorale fran-

(1) S. 80. 2. 294 ; P. 80. 1111 ; D. 81. 2. 95.

çaise, la Cour ajoute que, si cette thèse n'était pas admise, « il serait encore vrai que sa succession doit être régie par la loi française », et voici pourquoi : « D'après le statut bavarois, la dévolution d'une succession mobilière appartenant à un Bavarois doit être régie par la loi de la situation, *rei sitae;* le principe de dévolution successorale est établi dans le chapitre 2, § 17, et dans le chapitre 12, 3ᵉ partie, § 1 du Code de Bavière. La pensée formulée dans ces textes, c'est que les successions *ab intestat* ne sont pas rangées parmi les questions personnelles et sont toujours régies par la loi du lieu où se trouve la succession au moment du décès du *de cujus, rei sitae,* sans distinguer si les biens sont mobiliers ou immobiliers, corporels ou incorporels. Les appelants soutiennent que ces textes ne sont applicables qu'aux meubles considérés individuellement, mais non aux meubles pris comme universalité. Cette distinction est repoussée par les textes susvisés, qui règlent la dévolution des successions *ab intestat* qui constituent des universalités. C'est avec aussi peu de fondement qu'on a soutenu que ces dispositions de loi ne devraient s'appliquer que dans les limites du territoire bavarois et ne régissent pas la succession d'un Bavarois à l'étranger. Rien dans le texte ne justifie cette interprétation restrictive et ne prouve qu'elle a voulu circonscrire son autorité dans le territoire de la Bavière. On objecte enfin que les successions mobilières dans le droit commun de l'Europe sont régies par le statut personnel de l'étranger, d'après le principe que la succession mobilière s'attache et s'identifie en quelque sorte à la personne, *mobilia ossibus inhærent.* Cet argument renferme une pétition de principe. La question, en effet, est de savoir si la succession mobilière est régie, d'après le droit bavarois, par le lieu de la situation ou par le statut personnel. La loi bavaroise a pu restreindre l'empire du statut personnel et c'est ce qu'elle a fait en soumettant même la succession mobilière à l'empire du statut réel. Aux termes de cette législation, les meubles corporels et incorporels composant la succession de Xavier Forgo qui étaient situés en France à l'époque de son décès sont régis par la loi de leur situation. Indépendamment du statut *rei sitæ* et de l'application qui doit en être faite à la succession de Xavier Forgo, il existe en droit bavarois une autre règle pour la dévolution des successions *ab intestat;* c'est qu'elles doivent être régies par la loi du lieu où le *de cujus* avait sa résidence effective et permanente et où il est mort. Cette résidence, quand elle réunit les caractères légaux exigés par le droit bavarois, constitue ce qu'on appelle, dans la langue du droit français, le domicile légal et en produit les effets; mais, en droit bavarois, à la différence du droit français, la notion du domicile n'existe que sous une forme concrète et se confond avec la résidence; il suffit, pour avoir un domicile, de joindre au *factum habitationis* l'intention de résider et la durée de la résidence; mais le droit bavarois ne reconnaît pas à un individu un domicile distinct du siège habituel de ses affaires, pouvant subsister malgré l'éloignement de la personne et même une résidence prolongée dans un autre lieu; c'est là un point de doctrine et de jurisprudence établi en Bavière par les autorités les plus imposantes et qui n'est pas contredit par les décisions des tribunaux de Munich et de Passau invoquées par les consorts Dichtl. En faisant l'application de cette doctrine à la situation de Xavier Forgo, on doit reconnaître, d'une part, qu'il avait perdu son domicile en Bavière, où il n'avait pas résidé depuis l'âge de cinq ans et où il n'avait même jamais reparu, et que, d'autre part, il avait acquis un domicile en France, au sens que le droit bavarois attache à ce mot, en y établissant le centre de ses affaires et en y prolongeant son séjour sans interruption pendant plus de soixante ans; d'où s'évince cette double conséquence que la dévolution de sa succession ne peut pas être régie par la loi du domicile bavarois, puisqu'il n'avait plus de domicile en Bavière, et que, d'après la loi bavaroise, elle doit être régie par la loi de la situation combinée avec la loi du domicile de fait qu'il avait en France. S'il n'avait pas acquis en France le domicile légal et régulier, défini par l'article 13, il avait tout au moins le domicile de fait ou la résidence durable qui, d'après le statut bavarois, équipolle au domicile légal français et produit les mêmes effets. La succession de Forgo se trouve donc régie à la fois par le statut réel et par le statut domiciliaire. A ce double point de vue, c'est la loi française qui doit régler la dévolution de cette succession ».

Ce qui est extrêmement remarquable dans cet arrêt, c'est qu'il est caractéristique de l'état d'esprit que produisit chez les juges, dans l'affaire Forgo, la découverte de dispositions du droit bavarois désignant comme applicable au litige la loi successorale française. La Cour de Toulouse ne se demande pas s'il convient d'en tenir compte, ce qui est précisément la « question du renvoi ». Elle l'admet d'emblée, comme une chose acquise, mieux encore, comme une chose évidente. Pour elle, c'est le principe, et toute son argumentation consiste à en déduire les conséquences, jusqu'aux dernières, à savoir qu'il faut puiser la définition du domicile non dans la loi française, mais dans la loi bavaroise.

Elle s'est donc inconsidérément égarée, dès le début, comme le voyageur qui, sans hésitation, prend un chemin pour un autre. Sur la fausse indication que lui a donnée l'arrêt du 24 juin 1878, elle s'est immédiatement placée hors le terrain du débat, qui était de savoir ce qu'à la prétention des parents naturels du défunt répondait la loi successorale de Bavière. Elle est allée droit à une disposition législative d'une tout autre nature, ayant pour objet de dire laquelle, de cette loi successorale ou de la loi successorale française, aux yeux du législateur bavarois, doit être appliquée de préférence à l'autre. Elle n'a pas pris garde que cette question, le législateur français l'a lui-même résolue, dans les articles 3 et 13 de son Code civil, en faveur de la loi successorale de Bavière, au moins d'après notre jurisprudence ; elle ne s'est même pas demandé si la décision prise par le législateur français, se heurtant à une décision contraire du législateur bavarois, devait être remise en cause. Non, rien de tout cela ne lui est venu à la pensée, parce que, de même que précédemment la Cour suprême, elle est demeurée comme hypnotisée sur les dispositions du droit bavarois qui, en apparence du moins, prescrivaient le retour à la loi successorale française et lui paraissaient être elles-mêmes des dispositions successorales. Et si troublante et à la fois si puissante a été son erreur à cet égard, qu'elle la proclame elle-même, dès le début de son arrêt, en déclarant voir dans ces dispositions « le principe de dévolution successorale ». Elle achève ainsi de nouer l'imbroglio né du pourvoi de l'Administration des domaines et de l'arrêt du 24 juin 1878. On voit là s'enchevêtrer et se confondre, au point de n'en plus faire qu'une, ces deux choses pourtant si profondément distinctes : la loi successorale d'un pays, décidant que telles personnes sont appelées à la succession de tel de leurs parents, et la règle décidant qu'en cas de conflit avec les lois successorales des autres pays, qui dénieraient aux mêmes personnes la qualité d'héritiers, cette loi prévaudra ou s'effacera.

Mais ce qu'il y a peut-être de plus étonnant dans cette affaire, c'est que les héritiers bavarois semblent eux-mêmes n'avoir pas clairement aperçu l'erreur dont ils étaient victimes. Celles de leurs objections que les motifs de l'arrêt nous font connaître ont trait, presque toutes, aux conséquences du principe adopté par la Cour de Toulouse, non pas à ce principe, devant lequel ils paraissent, eux aussi, s'être inclinés, comme s'il avait eu pour lui l'évidence. Ils ont objecté toutefois que « ces dispositions — celles du droit bavarois réglant le conflit de la loi successorale de Bavière avec les lois successorales des autres pays — ne devraient s'appliquer que dans les limites du territoire bavarois ». Là est le seul indice qu'ils aient eu un vague soupçon de la fausseté de l'interprétation dirigée contre eux. Si leur argumentation transparaît exactement à travers celle de la Cour, il en faut conclure que leurs défenseurs n'avaient pas du droit international privé une connaissance assez sûre et ferme et se laissèrent déconcerter par le pourvoi de l'Administration des domaines.

Les consorts Dichtl, cependant, n'acceptèrent pas le verdict prononcé contre eux et formèrent un troisième pourvoi. Mais, alors même, on ne voit pas se dégager avec précision de leurs moyens l'idée capitale que la Cour de Toulouse a pris par erreur dans la législation de Bavière une règle pour une autre. Ils se bornent à se plaindre, en termes généraux, que l'arrêt de Toulouse ait « soumis la succession de Forgo à la loi française » et leur ait « refusé le bénéfice de la vocation qu'ils tiennent de la loi bavaroise ». Tel est, du moins, le résumé que donne de leurs griefs un recueil d'arrêts (1). De la décision de la Chambre des requêtes, en outre, comme aussi du rapport qui la précède, il ne résulte pas qu'ils aient essayé de dissiper la confusion qui leur était si funeste.

Mais voici la question revenue à la Cour suprême; la Chambre des requêtes, à son tour, va l'examiner. Ce n'est plus, cette fois, une question neuve et soudaine; elle a été suffisamment débattue. L'étude nouvelle à laquelle on la soumet fera-t-elle enfin la lumière? Qu'on en juge.

Le rapporteur, M. Demangeat, donnant un résumé de l'arrêt attaqué, qu'il approuve, s'exprime ainsi : « Nous admettons, dit la Cour de Toulouse, que François-Xavier Forgo, né Bavarois,

(1) D. 82. 1. 302.

n'a jamais perdu sa nationalité d'origine et n'a jamais obtenu du Gouvernement français l'autorisation de fixer son domicile en France. Il s'ensuit que c'est à la loi bavaroise qu'il appartient de régir la succession mobilière laissée par ledit Forgo. Or, la loi bavaroise veut que la succession *ab intestat* d'un Bavarois soit dévolue conformément au statut du lieu où se trouvent les biens lors du décès du *de cujus* ..., et, dans l'espèce, les biens laissés par Forgo se trouvaient à Pau, où il avait sa résidence, son domicile de fait. Donc, pour obéir à la loi bavaroise, il faut appliquer la disposition de la loi française suivant laquelle, le *de cujus* étant enfant naturel, les collatéraux de sa mère n'ont aucun droit à la succession *ab intestat* ».

Et l'arrêt de la Chambre des requêtes s'approprie ce raisonnement, en le reproduisant ainsi : « Forgo n'ayant pas perdu sa nationalité d'origine et n'ayant pas obtenu du Gouvernement français l'autorisation de fixer son domicile en France, sa succession doit être régie par la loi bavaroise. Mais, suivant la loi bavaroise, on doit appliquer, en matière de statut personnel, la loi du domicile ou de la résidence habituelle et, en matière de statut réel, la loi de la situation des biens meubles et immeubles. Ainsi, dans l'espèce ..., la loi française était seule applicable ».

En conséquence, arrêt de rejet, du 22 février 1882 (1), qui met fin au débat.

Comme on le voit, la lumière n'a nullement été faite ; nous constatons encore cette conception singulière, obscure et toute verbale de l'application des lois étrangères qui, en 1878, a déterminé le revirement de la jurisprudence. On persiste, suivant l'expression qu'emploiera bientôt un auteur, dans « cette contradiction apparente ou cette bizarrerie de déclarer : la succession doit être régie par la loi bavaroise, donc elle sera régie par la loi française ». Toutefois, et c'est le seul pas qu'ait fait la question dans cette dernière phase du procès, une première formule est donnée de la « théorie du renvoi ». La méprise dans laquelle on s'obstine est maintenant érigée en système et mise en forme de syllogisme. Mais elle n'en subsiste pas moins et du syllogisme elle fait un sophisme. En d'autres termes, le raisonnement qu'ont formulé le rapport et la Chambre des requêtes est construit sur une équivoque résultant de l'ambi-

(1) S. 82. 1. 393, P. 82. 998, D. 82. 2. 302.

guïté du mot « loi ». Ce mot, suivant les convenances d'après lesquelles on se guide ou suivant l'illusion où l'on se complait par une secrète préférence pour la loi des successions française, on l'applique tour à tour à deux règles puisées dans la même législation, mais profondément distinctes : l'une, de droit interne, gouvernant la dévolution successorale; l'autre, de droit international, gouvernant le conflit de la première avec les règles de même nature qui existent dans les législations étrangères. Lorsque l'on a dit qu'à raison de la nationalité bavaroise de Forgo et du domicile légal qu'il a conservé en Bavière, sa succession doit être régie par la loi de ce pays, c'est, dans la législation de ce pays, la loi successorale que l'on a eue en vue, la loi de droit interne réglant la dévolution légale des biens du défunt, les attribuant à telles ou telles personnes. Dès lors, la suite du raisonnement devrait être logiquement celle-ci : or, la loi successorale de Bavière, dans l'espèce, appelle à succéder les collatéraux de la mère naturelle du défunt; donc, en vertu de cette loi, les demandeurs ont droit à la succession. Tel a été le raisonnement de la Cour de Bordeaux, raisonnement irréprochable, qui d'ailleurs lui avait été inspiré et même indirectement dicté par l'arrêt de cassation du 5 mai 1875. Mais si, après avoir posé comme prémisse que la succession de Forgo doit être régie par la loi de Bavière, qui est la loi successorale, on va prendre dans la législation de ce pays la loi de droit international qui règle le conflit de cette loi avec les lois étrangères de même nature, parce que c'est aussi une « loi » contenue dans la législation bavaroise, on se méprend ou l'on abuse du mot « loi ». De toute manière, on commet une erreur qui vicie le raisonnement, le fait dévier de sa ligne première et conduit à une conclusion fausse; on perd de vue l'objet du litige; on substitue à la question primitive une autre question toute différente, que l'on ne discute pas, n'en ayant même pas conscience, et c'est sur cette question que l'on statue aveuglément, non sur les conclusions des parties. Virtuellement et en raison, le jugement est nul.

Entre autres arguments, les consorts Dichtl avaient fait observer que le raisonnement tenu par la Cour de Toulouse était en désaccord avec l'arrêt de cassation du 5 mai 1875, à la suite duquel avait été rendu l'arrêt de la Cour de Bordeaux. Le rapporteur de la chambre des requêtes le nia d'une façon catégorique. « Tout ce qui ressort de cet arrêt, dit-il, c'est que, si un étranger peut acquérir un domicile en France sans l'autorisation du Gouvernement français, ce domicile du moins et à lui seul ne suffira pas pour rendre applicable à la succession de cet étranger la législation française. Il est donc évident que le raisonnement de la Cour de Toulouse n'a rien de contraire à l'arrêt de cassation du 5 mai 1875 ». A cela je réponds que la Chambre civile avait dit plus. Ainsi que je l'ai déjà fait observer, la Chambre civile avait déclaré que le simple domicile de fait acquis en France par Forgo n'était pas « de nature, suivant les prétentions de l'Administration de l'enregistrement et des domaines, à soumettre sa succession aux règles établies par la loi française ». N'était-ce pas implicitement reconnaître que cette succession, conformément à la prétention des consorts Dichtl, était soumise aux règles établies par la loi bavaroise? Or, quelles sont dans un pays les règles établies en matière de succession par la loi, sinon celles qui désignent les héritiers? Et quelles étaient les prétentions respectives des parties, sinon, de la part de l'Administration des domaines, de se faire attribuer la succession en vertu des articles 713 et 768 du Code civil, et, de la part des consorts Dichtl, de se la faire attribuer en vertu des textes du Code bavarois concernant la désignation des héritiers? L'arrêt de 1875 ordonnait donc manifestement de consulter, à cet égard, dans la législation de Bavière, la loi relative à la dévolution successorale des biens, comme le comprit la Cour de Bordeaux. Cet arrêt, d'ailleurs, ne pouvait pas avoir un autre sens, puisque la Chambre civile ignorait, en 1875, que dans la législation de Bavière, en outre de la loi successorale, il se trouvait des dispositions concernant le conflit des lois étrangères avec cette loi, puisque la découverte de ces dispositions fut une chose tout à fait inattendue. Les consorts Dichtl, par conséquent, avaient raison d'opposer l'arrêt de 1875 à celui de la Cour de Toulouse. Voilà ce qui était évident.

Telle fut cette mémorable affaire de la succession Forgo. Si je l'ai rappelée et longuement commentée, si j'ai minutieusement rapporté et critiqué des décisions qui peuvent paraître anciennes, on sait pourquoi : je voulais démontrer que la « théorie du renvoi » puise bien, comme je l'avais dit, son origine dans une confusion commise, au cours d'un procès, par l'une des parties fort intéressée à la commettre, puis complaisamment acceptée par les juges. Il s'ensuit qu'il aurait dû suffire que cette confusion fût dissipée — ce qui eut lieu peu de temps après — pour que la « théorie du renvoi » ne prît même pas naissance. Mais il y a plus : si l'on raisonne aujourd'hui encore comme on le faisait en 1878, 1880 et 1882, les décisions rendues à cette époque ne sont pas anciennes, elles sont d'hier. Or, le Tribunal de Melun, le 25 mars 1903, a tenu exactement le même langage que la Chambre des requêtes en 1882, lorsqu'il a dit : « Le défunt n'avait en France aucun domicile légal. Au respect de la loi française, les meubles et valeurs mobilières composant sa succession sont restés soumis à la loi de son pays d'origine, c'est-à-dire aux dispositions du Code civil de la Louisiane, qui réglaient son statut personnel. On reviendrait, il est vrai, par voie de conséquence, à appliquer en fin de compte la loi française, si la loi de l'État de la Louisiane, qui, ainsi qu'il vient d'être dit, doit être observée dans notre espèce, prescrivait de se référer en matière de statut personnel et pour la dévolution des biens à la loi du pays où le *de cujus* avait une simple résidence de fait. Mais le Code civil de la Louisiane ne contient aucune disposition semblable ». Voilà pourquoi, dans l'espèce, aux termes du jugement, « la loi française ne doit pas recevoir son application à la succession mobilière du défunt », tandis que si, au contraire, le Code civil de la Louisiane avait « prescrit de suivre pour le règlement de cette succession la loi du lieu du décès ou de la résidence de fait du défunt », il aurait fallu régler la succession d'après la loi française. Ainsi, la critique des arrêts de 1878, de 1880 et de 1882 qui vient d'être faite atteint du même coup le jugement de 1903; la doctrine contre laquelle a protesté la Cour de Paris est justement celle que la Chambre civile en 1878, la Cour de Toulouse en 1880, et la Chambre des requêtes en 1882, par trois fois, avaient affirmée.

Le jugement du Tribunal de Melun se reliait, d'ailleurs, à l'arrêt de 1882 par une série de décisions intermédiaires, qui attestaient la continuité de la jurisprudence inaugurée lors de l'affaire de la succession Forgo.

Parmi ces décisions, la plupart concernaient l'état et la capacité des personnes; elles avaient été rendues en matière de mariage, de recherche de maternité naturelle, d'interdiction, de dation de conseil judiciaire, de capacité de la femme mariée, dans des cas où le droit international de la France désignait comme applicable à des étrangers leur loi nationale, mais où, de son côté, le droit international des pays auxquels appartenaient ces étrangers donnait compétence, au contraire, à la loi du domicile et par conséquent, les intéressés étant domiciliés en France, à la loi française. D'où résultait, dans tout le domaine du statut personnel, dont l'importance est capitale, une complète subversion de notre droit international. Les juges ne savaient plus ce que signifie l'application des lois étrangères.

Quelques décisions avaient été rendues aussi relativement à la succession mobilière, absolument semblables aux arrêts de 1878, 1880 et 1882. J'en citerai deux où ce caractère est particulièrement manifeste.

Le 2 février 1899 (1), la Cour de Douai s'était ainsi exprimée : « A la dévolution de la succession mobilière d'un Anglais, c'est la loi anglaise qui est applicable. D'après cette loi, les biens meubles sont soumis à la législation du domicile du défunt lors de son décès, et ce domicile est établi par une résidence *animo manendi*. Le défunt, dont tous les biens meubles sont situés en France, avait établi à Calais sa résidence définitive et possédait ainsi le domicile exigé par la loi anglaise, bien qu'il n'eût pas obtenu du Gouvernement français l'autorisation de se fixer dans notre pays. Par conséquent, aux termes de la législation anglaise, c'est la loi française qui doit régir sa succession mobilière ».

Le Tribunal de Pau, le 19 avr. 1901 (2), dans une affaire analogue à celle dont il s'agit présentement, à propos de la succession d'un Américain originaire de l'État de New-York, domicilié de fait en France, avait tenu le même langage. Cette succession, avait-il dit, est soumise à la loi du pays d'origine... Or, d'après la loi ou les coutumes de New-York, qui la régissent, la succession mobilière du défunt, son statut personnel, ainsi que les droits des héritiers et légataires, sont réglés par la loi de son domicile de fait au moment de son décès... Le domicile d'une personne, d'après la jurisprudence américaine, c'est le lieu où elle a sa demeure véritable, fixe et permanente, et son principal établissement... D'où il suit que le domicile de fait du défunt se trouvait en France, où, lors de son décès, il séjournait depuis de longues années... En définitive, donc, la dévolution

(1) *J. du dr. int. pr.*, 1899, p. 825.
(2) *J. du dr. int. pr.*, 1902, p. 858.

héréditaire des biens meubles que le défunt possédait en France doit s'effectuer d'après les règles de la loi française.

On voit avec quelle constance, au fond et dans la forme, de l'arrêt du 24 juin 1878 au jugement du 27 mars 1903, nos tribunaux ont maintenu leur nouvelle conception du droit international privé, soit en matière de statut personnel, soit à l'égard de la succession mobilière.

Cette jurisprudence, en outre, n'est pas exclusivement propre à la France. Elle s'est simultanément produite et développée en Belgique et dans d'autres pays, où même on signale des décisions antérieures (1).

Mais, d'autre part, elle n'est pas unanime. En France, particulièrement, deux jugements et un arrêt, avant celui du 1er août 1905, avaient, en termes nets et catégoriques, marqué le dissentiment de certains magistrats : un jugement de la 7e chambre du Tribunal de la Seine, en date du 10 févr. 1893, relatif à la capacité de la femme mariée anglaise (2); un jugement du Tribunal de Dieppe, en date du 2 avr. 1896, en matière de divorce; un arrêt confirmatif de ce dernier jugement, rendu par la Cour de Rouen le 30 juin 1897 (3).

Il faut remarquer, de plus, que, s'il arrive aux parties intéressées de n'avoir pas connaissance de la « théorie du renvoi » et par conséquent de ne pas y recourir, nos tribunaux eux-mêmes, n'en étant pas avertis, n'en tiennent aucun compte. Le 21 déc. 1895 (4), le Tribunal de la Seine proclamait qu' « en règle générale, l'étranger doit demeurer soumis, en France, à la loi personnelle de son pays, lorsque l'application de cette loi n'est pas contraire aux principes essentiels du droit français; que la législation anglaise exclut toute société de biens entre époux... ». Le 26 mars 1896, le Tribunal civil de Libourne déclarait que la capacité d'une femme anglaise « doit être appréciée suivant sa loi nationale, conformément aux principes posés dans l'article 3, § 3 du Code civil; qu'il y a donc lieu de rechercher si la défenderesse était tenue, d'après cette loi, d'obtenir avant les poursuites l'autorisation de son mari ou, à défaut, celle de justice... ;

(1) V. l'étude de M. Bartin ci-dessous indiquée.
(2) *J. du dr. int. pr.*, 1893, p. 530.
(3) *Rev. int. pr. et dr. pén. int.*, 1906, p. 507.
(4) *J. du dr. int. pr.*, 1896, p. 1032.

qu'il ressort d'une loi anglaise de 1882... que la femme mariée sans contrat a, quant à la disposition de ses biens, les mêmes droits qu'une femme seule... [1] ». Le Tribunal de la Seine rendait des décisions semblables le 14 nov. 1896 et le 9 janv. 1897 [2]. De même, la Cour de Paris, le 2 avr. 1896 [3], au sujet de la succession mobilière d'un Anglais, mort domicilié à Paris, mais sans avoir été admis à domicile, décidait que « la transmission testamentaire de cette succession ne peut être régie par la loi française, mais reste soumise à la loi anglaise », et, n'allant pas chercher dans le droit international anglais la règle qui peut s'y trouver, mais s'arrêtant, comme il le faut, à la loi interne, elle poursuivait en disant : « Considérant que si, d'après la législation anglaise, le légataire universel n'est pas tenu *ultra vires successionis*, il ne peut, d'un autre côté, être mis en possession de son legs qu'après le paiement de toutes les dettes du défunt... ».

Voilà donc quelle est la disposition d'esprit naturelle à nos juges, lorsqu'ils doivent appliquer une loi étrangère : c'est de porter leur pensée sur la loi étrangère de droit interne. Aujourd'hui, comme avant l'affaire de la succession Forgo, s'ils n'y sont pas invités par les parties intéressées, s'ils demeurent libres de suivre l'inspiration du simple bon sens, ils ne songent pas à ce que peut être la règle étrangère de droit international privé, ils se contentent d'appliquer celle du droit français. D'où la preuve que, lorsqu'ils commettent la méprise du « renvoi », c'est qu'elle leur a été suggérée, c'est que des raisonnements captieux les y ont entraînés.

Au surplus, si nos tribunaux trop souvent admettent et pratiquent la « théorie du renvoi », jamais ils ne la justifient. Comme le démontrent les jugements du 2 févr. 1899, du 12 avr. 1901 et du 27 mars 1903, concernant une succession mobilière, ils en sont restés au syllogisme formulé par la chambre des requêtes en 1882 : la succession d'un étranger qui à sa mort était domicilié de fait en France doit être régie par une loi successorale étrangère, celle du pays où il avait son domicile légal (arrêt de 1882), ou celle de son pays d'origine (jugement

(1) *Id.*, 1897, p. 1036.
(2) *Id.*, 1897, p. 537 et 539.
(3) *Id.*, 1897, p. 165.

de 1903); or, cette loi déclare applicable la loi française; donc. c'est la loi française qui doit être appliquée. Syllogisme radicalement faux; car il n'est pas vrai que la loi successorale étrangère attribue, de son côté, compétence à la loi successorale française. Au point où nous sommes de cette étude, il est acquis que la désignation de la loi successorale française est faite par une loi étrangère tout autre, appartenant au droit international. Et, comme nous le verrons, rien ne serait plus téméraire que de soumettre les juges français à cette loi. Encore faudrait-il en donner quelque raison et nos tribunaux, n'ayant pas même aperçu la question, n'en proposent aucune. Leur jurisprudence repose donc uniquement sur la confusion que j'ai si souvent signalée. L'annotateur d'une décision belge(1) a très exactement résumé cette jurisprudence. Rendant compte d'un jugement rendu par le Tribunal de Bruxelles et approuvé par la Cour d'appel de cette ville, qui prononçait le divorce d'époux anglais domiciliés en Belgique, pour une cause absente de la loi anglaise mais reconnue par la loi belge, il a dit : « La loi anglaise, dans l'espèce, renvoie à la loi du domicile, c'est-à-dire à la loi belge, en sorte qu'appliquer la loi belge, c'estappliquer la loi anglaise ». On ne pouvait mieux montrer que la « théorie du renvoi », telle que la conçoit la jurisprudence, est toute verbale, se réduit à un mirage, pour ne pas dire à un jeu de mots.

II

La doctrine partagea d'abord l'illusion dans laquelle, antérieurement à l'arrêt du 1er août 1905, hormis les trois exceptions ci-dessus mentionnées, nos tribunaux n'ont pas cessé de se complaire. On vient de voir comment furent expliquées les décisions rendues en 1881 par le Tribunal et la Cour de Bruxelles. De l'arrêt de cassation du 24 juin 1878, un autre annotateur anonyme ne donna qu'une paraphrase, en termes approbateurs, marquant à peine un peu de surprise. « Dans l'espèce, dit-il(2), par un retour singulier, la loi bavaroise, qui était la loi nationale du *de cujus*, décide que les successions mobilières sont,

(1) S. 81. 4. 41, P. 81. 2. 68.
(2) D. 79. 1. 56.

dans tous les cas, dévolues d'après la loi du pays où le défunt résidait... C'est par une suite nécessaire, bien qu'inattendue, de ces règles que, dans l'espèce, les parents étrangers de la mère naturelle du *de cujus*, qui, dans leur pays, auraient pu recueillir sa succession, s'en sont trouvés exclus, encore que cette succession fût, en principe, régie par la loi de ce pays ». L'auteur de cette note n'avait peut-être du droit international privé qu'une connaissance trop superficielle pour donner une appréciation motivée d'un arrêt de la Cour suprême. Il est plus étonnant que Charles Brocher lui-même, professeur à l'Université de Genève, auteur de travaux importants sur le droit international privé, ait, dans un de ses ouvrages, accepté, sans examen sérieux, l'arrêt du 24 juin 1878 (1).

Mais la protestation ne se fit pas longtemps attendre et vint successivement de deux jurisconsultes de grande autorité : Laurent, professeur à l'Université de Gand, l'auteur du *Droit civil international;* Labbé, professeur à la Faculté de droit de Paris, dont la critique, ingénieuse et sagace autant que savante, se portait tour à tour sur toutes les décisions remarquables de la jurisprudence française. Le premier, à propos de l'arrêt de la Cour de Bruxelles du 14 mai 1881, releva vivement (2) l'erreur qui venait d'être commise. « La Cour, dit-il, a fait une étrange confusion; elle a confondu le droit civil avec le droit international. Le droit civil règle les causes du divorce, le droit civil international décide la question de savoir quelle loi règle les causes du divorce, la loi du domicile ou la loi nationale ». Puis, quelques années après, Labbé donnait au *Journal du droit international privé* une brève, mais substantielle dissertation (3), dans laquelle il ne se bornait pas à dissiper la confusion signalée par Laurent, mais posait nettement les termes du problème, que la jurisprudence n'avait pas aperçu, et le discutait avec une impartialité scrupuleuse.

« Ne semble-t-il pas, disait-il, que l'identité matérielle de mots qui peuvent recevoir deux sens a fait allusion? La loi bavaroise est applicable. Quelle loi? Est-ce la loi sur le règlement

(1) *Cours de droit international privé*, 1882, t. 1, p. 167.

(2) S. 81. 4. 41, P. 81. 2. 68.

(3) *Du conflit entre la loi nationale du juge saisi et une loi étrangère, relativement à la détermination de la loi applicable à la cause*, dans *J. de dr. int. pr.*, 1885, p. 6-16.

des successions? Est-ce la loi sur les statuts? » Voilà l'équivoque dénoncée. On verra plus loin comment et avec quelle force l'éminent jurisconsulte soutint qu'il faut écarter la loi sur les statuts et s'en tenir à la loi sur le règlement des successions.

La dissertation de M. Labbé ne fut sans doute pas connue des tribunaux qui, postérieurement à l'affaire Forgo, firent des applications répétées de la jurisprudence inaugurée par la Cour suprême; car on ne trouve dans leurs jugements ni le moindre indice d'une hésitation à suivre cette jurisprudence, ni le moindre essai d'une réponse aux critiques dont elle avait été l'objet. Mais la plupart des auteurs français jugèrent la démonstration de M. Labbé décisive et, lorsqu'ils ne se bornèrent pas à une adhésion pure et simple, la prirent comme point de départ de leurs propres études. Ainsi firent M. de Bœck, en 1889 (1), M. Tournade, en 1895 (2), M. Lainé, en 1894 (3), et 1896 (4), M. Bartin, en 1898 (5).

De même, ceux qui, dans leurs ouvrages, se sont prononcés contre l'acceptation du « renvoi » n'ont pas manqué de faire savoir qu'ils apportaient leurs suffrages à l'éloquente protestation que leur maître, dès 1885, avait élevée contre la nouvelle jurisprudence (6).

Quelques-uns, toutefois, se sont séparés de l'opinion com-

(1) Note étendue et très explicite, sous un jugement du Tribunal de Bruxelles, du 2 mars 1887, confirmé avec adoption de motifs, le 24 déc. 1887, par un arrêt de la Cour de Bruxelles, jugement et arrêt appliquant le système du « renvoi » (D. 89. 2. 97).

(2) *De la dation d'un conseil judiciaire à un étranger en France* (J. dr. int. pr., 1895, p. 484).

(3) *La Conférence de La Haye* (*Id.*, 1894, p. 247-253).

(4) *De l'application des lois étrangères en France et en Belgique* (*Id.*, 1896, p. 241 et s., p. 481 et s.).

(5) *Les conflits entre dispositions législatives de droit international privé* (Rev. dr. int. et législ. comp., 1898, p. 129 et s., p. 272 et s.).

(6) Se sont prononcés contre l'acceptation du « renvoi », entre autres, MM. Pillet, *Essai d'un système général de solution des conflits de lois* (J. dr. int. pr., 1894, p. 721) ; *Princ. de dr. int. pr.*, 1903, nos 63-66 ; Despagnet, *Pr. de dr. int. pr.*, 1904, n° 106; Surville et Arthuys, *Cours élém. de dr. int. pr.*, 1895, n. 30; Pic, *Note* dans Dalloz, 1899. 2. 410; Audinet, *Princ. élém. du dr. int. pr.*, 1906, nos 314-316; Renault, opinion exprimée devant l'*Instit. de dr. int.* (Annuaire, t. 18, p. 172) ; Lainé, *Considérations sur le dr. int. pr.*, 1900, p. 48-53; Ligeoix, *La question du renvoi en dr. int. pr.*, Th. de Poitiers, 1902; Dreyfus, *L'acte juridique en dr. priv. int.*, p. 148, Th. de Paris, 1904; Donnedieu de Vabres, *L'évolution de la jurispr. en mat. de conflit des lois*, p. 597, Th. de Paris, 1905.

mune. Ils ont pris au sérieux l'apparence de doctrine derrière laquelle se dissimule un moyen d'éluder la vraie règle de notre droit international ou du moins une grave méprise. Ils ont vu, dans une formule qui pour leurs adversaires est logomachie pure, soit une idée digne d'intérêt, présentant pour la pratique certains avantages, soit même la vérité scientifique. Mon savant collègue, M. Weiss, principalement, s'est fait le champion de cette thèse (1).

Comme la question s'est présentée non seulement en France, mais dans plusieurs autres pays, notamment en Belgique, en Angleterre, en Allemagne, en Suisse, la controverse aussi s'est généralisée (2). De plus, bornée d'abord à l'interprétation des dis-

(1) Les auteurs français qui se sont prononcés pour l'acceptation du « renvoi » sont, entre autres, MM. Weiss, *Traité théorique et pratique de droit international privé*, 1898, t. III, p. 77-81, et *Manuel de droit international privé*, 1905, p. 367 et s., 394; Pic, *Du mariage en droit international privé* (thèse), 1885, p. 124; Chausse, *Du rôle international du domicile* (*J. du dr. int. pr.*, 1897, p. 23); De Vareilles-Sommières, *La synthèse du droit international privé*, t. II, p. 97-98.

(2) V. l'énumération des décisions judiciaires étrangères que donne M. Bartin dans la dissertation précitée.

Se sont, entre autres, prononcés pour l'acceptation du « renvoi » :

En Allemagne : MM. de Bar, *Die Rückverweisung in internationalen Privatrecht*, dans la Zeitschrift für internationales Privat und Strafrecht de Böhm, 1898, p. 177, et opinion exprimée devant l'*Institut de droit international* (Annuaire de l'Institut, t. 18, p. 41 et 153; Keidel (traduit par Trigant-Geneste), *De la théorie du renvoi en droit international privé selon le nouveau Code civil allemand* (*J. du dr. int. pr.*, 1901, p. 82-96).

En Angleterre, M. Westlake, opinion exprimée devant l'*Instit. de dr. int.* (Annuaire, t. 18, p. 35 et s., p. 164 et s.); *A treatise on private international law* (4e édit., 1905), p. 30 et suiv.

En Belgique, MM. Albéric Rolin, *Principes de droit international privé*, t. 1, p. 258, n° 105; Opinion exprimée devant l'*Instit. de dr. int.* (Annuaire, t. 17, p. 215); de Paepe, *De la loi applicable à l'état, à la capacité et aux meubles des étrangers* (*Revue de droit international et de législation comparée*, 1900, n° 4, p. 378).

En Italie, MM. Brusa, opinion exprimée devant l'*Instit. de dr. int.* (Annuaire, t. 17, p. 227); Pasquale Fiore (traduit par Antoine), *Du conflit entre les dispositions législatives de droit international privé* (*J. de dr. int. pr.*, 1901, p. 424 et s., 681 et s.).

En Suisse, M. Roguin, opinion exprimée devant l'*Instit. de dr. int.* (Annuaire, t. 18, p. 170).

Se sont, entre autres, prononcés contre l'acceptation du « renvoi » :

En Allemagne, M. Kahn, *Le principe du renvoi dans le code civil allemand* (Iherings Jahrbücher, t. 24, p. 366 et s.).

positions législatives, elle s'est étendue au domaine du droit théorique et, sur ce terrain, le débat s'est élevé, les grands systèmes de droit international privé sont entrés en lutte, ont été opposés les uns aux autres. Non seulement une « théorie du renvoi » s'est formée, mais, étant liée à ce qui constitue l'essence du droit international privé, savoir l'application dans un pays, sur certains points, des lois étrangères, elle a suscité de la part de ceux qui l'ont attaquée ou soutenue un retour à la discussion des principes fondamentaux de cette branche du droit. Cette importance du débat n'a pas été comprise de tous; quelques-uns ont fait observer que le statut personnel seul y est engagé. Mais, quand cela serait vrai — ce qui n'est pas certain pour le présent [1], ni surtout pour l'avenir, l'application du « renvoi » pouvant gagner de proche en proche — le règlement du conflit des lois quant au statut personnel n'est rien de moins que la partie capitale du droit international privé. Si donc, ainsi que le pensent beaucoup d'auteurs, une grave erreur a été commise et persiste en cette matière, il n'est pas exagéré de dire que le droit international privé s'en trouve atteint et compromis.

Tel fut le sentiment de *L'Institut de droit international*, association de jurisconsultes appartenant à de nombreux pays, dont le but est de favoriser, par ses délibérations et des décisions purement scientifiques ou des vœux, le progrès du droit international, et cela de diverses manières, entre autres « en exami-

En Angleterre, MM. Dicey, *Conflict of law*, p. 77; Bate, *Notes on the doctrine of* renvoi *on Private international law*, 1904.

En Belgique, Laurent, *Note* dans Sirey, 1881. 4. 41.

Aux Pays-Bas, M. Asser, opinion exprimée devant l'*Instit. de dr. int.* (Annuaire, t. 18, p. 169); *Quelques observations concernant la théorie ou le système du renvoi* (*J. du dr. int. pr.*, 1905, p. 40).

En Italie, MM. Buzzati, *Il rinvio nel diritto internazionale privato*, 1898; Rapport à l'*Institut de droit international* (Annuaire, t. 17, p. 14 et s.); Opinions exprimées devant l'*Instit. de dr. int.* (Annuaire, t. 17, p. 218 et s.; t. 18, p. 145 et s.); Pierantoni, opinion exprimée devant l'*Instit. de dr. int.* (Annuaire, t. 17, p. 216); Catellani, *Il diritto internazionale privato*, 1888, t. III, p. 694, n° 730; Opinion exprimée devant l'*Instit. de dr. int.* (Annuaire, t. 18, p. 169).

En Espagne (Université de la Havane), de Bustamante, *El orden publico*, 1893, p. 163 et suiv.; Opinion exprimée devant l'*Instit. de dr. int.* (Annuaire, t. 17, p. 219).

(1) V. les décisions étrangères, signalées par M. Bartin dans l'étude ci-dessus indiquée.

nant les difficultés qui viendraient à se produire dans l'interprétation ou dans l'application du droit et en émettant, au besoin, des avis juridiques motivés dans les cas douteux ou controversés »(1). Sur l'initiative d'un de ses membres, M. Buzzati, professeur à l'Université de Pavie, l'Institut de droit international, dans sa session de Cambridge, en 1895, mit à l'ordre du jour de sa session suivante l'examen de la question du « renvoi » sous cette formule : *Des conflits entre les dispositions législatives de droit international privé*. Une commission se forma, dont la majorité fut d'avis de repousser le « renvoi » et fit connaître ses motifs dans un rapport signé de MM. Buzzati et Lainé. Deux discussions eurent lieu : l'une, en 1898, à La Haye; l'autre, en 1900, à Neuchâtel(2). Elles portèrent à la fois sur l'interprétation soit des lois positives actuelles, soit des règles antérieurement adoptées par l'Institut lui-même, et sur une proposition purement théorique.

En dernier lieu, celle-ci fut seule soumise au vote, mais successivement sous deux formes différentes et avec un succès inégal.

Une première fois, le texte proposé fut le suivant : « Lorsqu'un législateur, posant une règle de droit international privé, désigne comme directement applicable par ses tribunaux à une certaine matière une loi civile étrangère, il ne doit pas subordonner l'application de cette loi à la condition qu'elle soit prescrite également par la législation étrangère dont fait partie la loi civile ainsi désignée ». C'était une condamnation formelle de la « théorie du renvoi ». Elle fut votée par dix-sept voix contre sept.

Une seconde fois, la formule soumise à l'Assemblée fut ainsi conçue : « Quand la loi d'un État règle un conflit de lois en matière de droit privé, il est désirable qu'elle désigne la disposition même qui doit être appliquée à chaque espèce et non la disposition étrangère sur le conflit dont il s'agit ». C'était simplement le vœu que tout législateur écartât la « théorie du renvoi ». Le procès-verbal porte que ce texte fut adopté à la presque unanimité (3).

(1) Statuts de l'Institut, art. 1, n. 5.

(2) *Annuaire de l'Institut de droit international*, t. 14, p. 294; t. 17, p. 14 et suiv., 212 et suiv.; t. 18, p. 145 et s.

(3) *Annuaire*..., t. 18, p. 84, 178, 179.

On voit, par le premier de ces deux votes, que la condamnation théorique du « renvoi » fut refusée par une assez forte minorité. Si les autres propositions avaient été maintenues, cette minorité peut-être eût été plus considérable encore. C'est qu'en effet les dissentiments qui s'élevèrent parmi les membres de l'Institut de droit international eurent en partie pour cause le fait que deux questions étaient posées et se mêlèrent dans la discussion l'une à l'autre : la question de savoir s'il convient qu'un législateur accepte le « renvoi »; la question de savoir comment il faut interpréter la désignation par le droit international d'un pays d'une loi étrangère comme devant s'appliquer dans ce pays; s'il faut, dans le silence de la loi, décider que le législateur s'est soumis au « renvoi ». La discussion simultanée de deux questions si différentes, l'une de doctrine pure, l'autre concernant le sens des législations positives, était sujette aux malentendus et à la confusion.

Une autre circonstance, d'ailleurs, ne pouvait avoir, elle aussi, qu'un fâcheux effet. Ce fut que les questions dont il s'agissait, nécessairement rédigées dans une forme abstraite et générale, étaient soumises à une assemblée de jurisconsultes parmi lesquels beaucoup, par la force des choses, devaient les considérer à des points de vue concrets, particuliers et divers. La raison en était surtout que les systèmes de droit international privé positifs diffèrent selon les pays. Le débat portait principalement sur le point de savoir si, en matière de statut personnel, étant donné le conflit de deux règles de droit international privé, l'une qui prend pour critérium du statut personnel la nationalité des personnes, l'autre qui s'attache au domicile, celle-ci, par le « renvoi », peut supplanter ou faire modifier celle-là. Or, tandis que les législations positives de la France, de la Belgique, des Pays-Bas, de l'Italie, etc., placent le statut personnel sous l'empire de la loi nationale, sans s'expliquer au sujet du renvoi, le Code civil allemand, tout en posant aussi comme règle la prépondérance de la loi nationale, admet expressément le renvoi à la loi du domicile; tandis que le Code civil allemand statue sur ce point en termes formels, il n'existe dans la législation anglaise, quant au statut personnel, ni règle unique, ni règle certaine, et même, si la jurisprudence anglaise incline soit vers l'adoption de la loi du domicile, soit vers l'acceptation du « renvoi », on ne sait pas encore en quel sens, ni dans quelle mesure;

tandis que, dans la plupart des pays où la loi du domicile est appliquée de préférence à la loi nationale, c'est à titre de loi personnelle, il semble qu'en Suisse elle le soit plutôt en qualité de loi territoriale. Comment les jurisconsultes ressortissant à ces divers pays ne se fussent-ils pas, dans leurs opinions et leurs votes, inspirés, sans même en avoir pleinement conscience, de vues individuelles, conformes au caractère particulier de leurs législations respectives? Ils n'avaient même pas une parfaite connaissance de certains systèmes positifs de droit international privé desquels ils argüaient à l'appui de leurs thèses. Ainsi deux, des plus considérables d'entre eux, MM. de Bar et Westlake, émirent une appréciation du système français qui n'est pas exacte.

De ces observations il résulte qu'il ne faut tenir compte qu'avec discernement et réserve des opinions qui se produisirent dans la savante Assemblée.

D'autre part, je ne dois pas oublier que dans la présente étude il s'agit non pas tant de construire une théorie scientifique et abstraite que d'interpréter une législation déterminée, de rechercher en quel sens le droit international français prescrit, particulièrement en matière de statut personnel et de succession, l'application aux étrangers de leurs lois nationales. C'est donc pour les faire servir à l'examen de ce sujet particulier que je m'adresserai aux idées théoriques et générales. A mon sens, il devrait suffire, pour démontrer l'erreur commise par notre jurisprudence, de dissiper la confusion d'où cette erreur est née, de dégager la règle de droit international privé de l'imbroglio où elle s'est enchevêtrée avec la loi de droit interne ; car il apparaîtrait alors avec la clarté de l'évidence que le seul fait d'avoir statué sur le conflit de sa loi interne avec la loi étrangère correspondante implique l'impossibilité pour notre législateur d'accepter un « renvoi » qui détruirait son œuvre. Mais, puisque des auteurs ne veulent pas en convenir, puisque, pour nier cette simple et éclatante vérité, l'on a fait appel aux principes mêmes du droit international, je ne me refuserai pas à suivre sur ce terrain nos adversaires. Aussi bien l'arrêt du 1er août 1905 lui-même ne se borne pas à contester l'affirmation exprimée dans le jugement; les motifs qu'il donne de rejeter le « renvoi » marquent aussi la préoccupation de remonter aux principes. Il me faudra donc, à mon tour, donner au débat plus d'ampleur qu'il n'en mérite.

Mais avant d'entreprendre, à l'appui de l'arrêt du 1er août 1905, un nouvel examen de la « théorie du renvoi », je crois utile de poser la question en termes nets et précis, qui serviront aussi, je l'espère, à mettre dans la discussion quelque clarté.

Deux législations, dans l'espèce, la législation de l'État de Louisiane et la législation française, à l'occasion d'un litige concernant le partage d'une succession mobilière, se trouvent avoir quelque titre à intervenir : la première, parce que le défunt avait pour patrie la Louisiane; la seconde, parce que le défunt, à sa mort, était domicilié de fait en France et que ses biens y étaient également situés. Les deux législations dont il s'agit ne sont pas seulement, par suite de ces faits, concurremment appelées à donner la solution du litige; elles sont en conflit, car elles donnent des solutions contraires. La justice compétente, qui, à raison du domicile du défunt, se trouve être la justice française, doit nécessairement préférer l'une à l'autre.

Or, chacune des législations en présence contient deux sortes de lois : en premier lieu, les lois composant le droit interne, c'est-à-dire le droit établi, d'une part en Louisiane, d'autre part en France, pour leurs sujets respectifs, abstraction faite des autres États; en second lieu, les lois composant le droit international, c'est-à-dire le droit qui se réfère au conflit des lois internes locales avec les lois étrangères de même nature.

Il y a donc à distinguer deux ordres d'idées. Dans le premier, en matière de succession, l'article 11 du Code civil de la Louisiane porte que les frères et sœurs du défunt ou leurs descendants sont héritiers, à l'exclusion des autres collatéraux et du conjoint survivant, tandis que l'article 767 du Code civil français attribue au conjoint survivant une part de la succession. C'est un premier conflit, celui de deux lois internes. La veuve du défunt aurait intérêt à l'application de la loi interne française, les parents du défunt à l'application de la loi interne louisianaise. Mais laquelle des deux lois l'emportera sur l'autre? C'est affaire au droit international privé de le dire, et rien ne serait plus simple s'il existait un droit international privé commun à tous les peuples, ce qui est le caractère du droit international public, s'il existait un droit qui, en Louisiane comme en France, réglât d'une manière uniforme le conflit des lois internes de ces deux pays. Mais, aujourd'hui, le droit international privé n'est pas un droit unique; il varie suivant les pays:

l'État de Louisiane et l'État français possèdent chacun son droit international propre, comme ses lois internes. Et, dans le cas présent, pour la succession mobilière, il se trouve que les règles du droit international, de part et d'autre, sont également contraires. En Louisiane, la coutume, sinon le Code civil, prévoyant le conflit de la loi successorale du pays avec les lois successorales des autres pays, décide qu'il faut se référer à celle du lieu où le défunt, lors de son décès, sera domicilié de fait, par conséquent, dans l'espèce, à la loi de droit interne française, tandis que, de son côté, le Code civil français, dans ses articles 3 et 13, combinés et interprétés par notre jurisprudence, ayant en vue le conflit de la loi successorale du pays avec les lois successorales des autres pays, désigne comme devant s'appliquer de préférence la loi nationale du défunt, par conséquent, dans l'espèce, la loi de droit interne louisianaise. De là un nouveau conflit, se superposant au premier, dont la solution commande celle du premier. A ce point de vue, la veuve du défunt se prévaudra de la règle de droit international louisianaise, afin que l'on applique au litige la loi de droit interne française, tandis qu'au contraire les parents du défunt demanderont que, suivant la règle de droit international française, on applique aux prétentions respectives des parties la loi de droit interne louisianaise. En ce qui concerne ce dernier conflit, celui de deux règles de droit international opposées, quel parti prendre? Tel est le problème.

On a encore compliqué la difficulté, soit en prévoyant le cas où le conflit de loi s'élèverait, après coup, dans un troisième pays, au sujet d'un acte juridique valablement passé eu égard aux lois de deux pays mises en contact au moment même où il avait eu lieu, soit en imaginant le renvoi fait non pas à la loi d'où provient la première désignation de compétence, mais à une troisième loi; en d'autres termes et suivant la terminologie allemande, en imaginant, en outre du *Rückverweisung*, qui est le « renvoi » ci-dessus décrit, une autre espèce de « renvoi », le *Weiterverweisung* (V. le rapport Buzzati, dans *Annuaire de l'Institut*, t. 17, p. 15, 21, 25, *in fine*). Il me paraît inutile d'envisager ici des hypothèses autres que le cas ordinaire, qui est aussi celui des décisions commentées dans ce travail.

Depuis le jour où la jurisprudence des tribunaux, appelés les premiers à le résoudre, a provoqué l'attention, deux camps se sont formés dans la doctrine, et comme, de prime abord, sans plus de réflexion, l'indication donnée, en apparence du moins, au juge saisi du litige par le législateur étranger, indication contraire à celle que le juge recevait de son propre législateur, a été qualifiée de « renvoi », les auteurs se sont divisés en adversaires et partisans du « renvoi ». C'est ainsi que, d'après M. Labbé, se conformant à une terminologie déjà née, la question peut être définie et posée en ces termes : « Lorsqu'un législateur devant les tribunaux duquel un litige est porté attribue à une loi étrangère la solution d'une difficulté, doit-il accepter le renvoi que lui fait la loi étrangère de la mission de résoudre la difficulté? » Cette formule et surtout le mot de renvoi, qui, pris à la lettre, évoque, ainsi qu'on le verra, des idées fausses, ont contribué beaucoup à obscurcir le sujet. Mieux eût valu, selon moi, se demander simplement ce qu'en droit international privé signifie l'application des lois étrangères. Mais l'habitude est prise; les initiés se comprennent à peu près lorsqu'ils parlent de repousser ou d'accepter le « renvoi ».

Toutefois, il est une faute que l'on commet fréquemment, par inadvertance, et que chacun devrait éviter; car elle ajoute encore à l'obscurité du sujet. Parlant, par exemple, à propos d'un litige soumis à la justice française, de la désignation que notre droit international fait le premier d'une loi étrangère, on dit qu'il y renvoie. Cette locution, sans doute, peut être employée en ce sens; mais ce n'est pas le cas de le faire, puisqu'en la matière le renvoi que l'on a en vue, sur lequel on discute, provient du législateur étranger.

Les adversaires du « renvoi » s'accordent à affirmer deux choses : Premièrement, le juge saisi du litige ne doit consulter et observer que la règle de droit international privé posée par le législateur dont il relève, puisqu'à son législateur seul il doit obéissance. En second lieu, ce législateur, en déclarant applicable au litige une loi de droit interne étrangère plutôt que sa propre loi, s'est prononcé sur une difficulté qui rentrait dans sa compétence, et la solution qu'il en a donnée lui a paru le mieux répondre aux exigences d'une bonne justice; il ne saurait donc admettre ensuite le renvoi que lui adresse ou semble lui adresser un autre législateur, dont les vues sont contraires aux siennes; ce serait renier son œuvre, s'effacer, sur son propre territoire, devant cet autre législateur, se dessaisir d'un droit inhérent à sa souveraineté, manquer à son devoir; une telle abdication ne se conçoit pas, c'est une chose impossible.

Les partisans du « renvoi » sont au contraire d'avis que le juge saisi du litige doit, en vertu de la règle de droit international étrangère, appliquer sa propre loi de droit interne. Mais ils en donnent des motifs différents, d'où il résulte que la « théorie du renvoi » n'est pas une doctrine unique, mais, sous le même nom, un assemblage de conceptions diverses. Il y en a même, et ce sont peut-être les plus importantes, qui n'impliquent pas l'idée qu'évoque le mot de renvoi, celle d'une première désignation à laquelle répond une désignation contraire, celle d'un va-et-vient de compétence adressée, reçue, déclinée et, suivant l'expression des commerçants, « retournée » à qui l'a envoyée. Cette sorte de contre-proposition, je l'appellerai « le renvoi proprement dit ». Eh bien, des auteurs avouent qu'ils n'y croient pas; sous le nom de « renvoi », qu'ils n'écartent cependant pas non plus, bien qu'à leurs yeux il soit impropre, ils proposent des théories menant au même but. Et ces théories, d'ailleurs, sont différentes, même contraires. D'autres, enfin, s'inquiétant moins encore du mot, s'attachent, pour admettre la chose, à des considérations purement utilitaires. Je distinguerai et combattrai successivement toutes ces sortes de « renvoi ». D'abord, le « renvoi proprement dit », qui est chimérique; ensuite, les théories produisant le même effet, qui sont incompatibles avec les vrais principes du droit international; enfin, les vues d'après lesquelles certains avantages résulteraient dans la pratique de l'acceptation du « renvoi », vues qui, pour la plupart, sont démenties par la réalité ou n'offrent qu'une importance relativement minime [1].

(1) De même que j'ai rapporté, toutes les fois que je l'ai cru utile, de longs extraits des décisions judiciaires, de même je ne craindrai pas d'exposer amplement les doctrines des auteurs, soit en analysant leurs écrits, soit en en transcrivant des passages étendus, soit même en commettant des redites. Cette méthode a l'inconvénient d'entacher l'argumentation de quelque prolixité, mais elle a l'avantage supérieur d'en rendre manifeste la pleine sincérité. Et, si la patience du lecteur est mise à une plus longue épreuve, il a par contre sous les yeux les éléments d'une appréciation personnelle; il a moins de recherches propres à faire et celles dont il peut encore avo r besoin lui sont facilitées.

III

On a conçu le « renvoi proprement dit », soit pour le justifier, soit pour le combattre, sous quatre formes ou de quatre manières différentes.

1° Un annotateur de certaines décisions belges qui prononçaient le divorce d'époux anglais domiciliés en Belgique, en vertu de causes admises dans la loi belge mais non dans la loi anglaise [1], en a donné l'explication suivante : « La loi anglaise, dans l'espèce, renvoie à la loi du domicile, c'est-à-dire à la loi belge, en sorte qu'appliquer la loi belge, c'est appliquer la loi anglaise ». Telle est aussi, pourrait-on dire, la conception du « renvoi » qu'ont nos tribunaux, puisque leurs décisions sont semblables. Or, le raisonnement que l'on met ainsi dans la bouche des juges est aussi réellement faux et vain qu'il paraît juste et décisif. En effet, la loi anglaise concernant le divorce règle les conditions du divorce, et c'est tout. De même, la loi bavaroise ou louisianaise relative aux successions mobilières a pour unique objet de régler la dévolution successorale des biens, c'est-à-dire de désigner les héritiers, de fixer leurs parts, etc. Ces lois, lorsqu'elles sont appelées à régir une cause, loin de renvoyer à d'autres lois leur compétence, la retiennent, l'exercent, l'épuisent. Par conséquent, traduire comme on l'a fait la pensée des juges, ce n'est rien de moins que leur imputer une erreur grossière.

Cette erreur, les juges l'ont-ils vraiment commise ? Je ne le crois pas, mais il faut reconnaître que par leur langage ils ont donné lieu de le croire. Je rappelle, notamment, que la Cour de cassation française a dit : « La succession de Forgo doit être régie par la loi bavaroise. Mais, suivant la loi bavaroise, on doit appliquer, en matière de statut personnel, la loi du domicile ou de la résidence habituelle et, en matière de statut réel, la loi de la situation des biens meubles et immeubles. Ainsi, dans l'espèce, la loi française était seule applicable ». Est-ce que ces trois phrases, prises à la lettre, ne pourraient pas être ainsi résu-

(1) S. 81.4.41, P. 81.2.68.

mées : la loi bavaroise renvoie, dans l'espèce, à la loi française, en sorte qu'appliquer la loi française, c'est appliquer la loi bavaroise?

Je ne crois pas, cependant, je le répète, que telle soit, au fond, la pensée des juges. La loi étrangère qu'ils ont vraiment en vue, à laquelle ils attribuent le geste traduit par le mot de « renvoi », ce n'est pas la loi étrangère de droit interne, désignée comme loi compétente pour le litige par une règle de droit international française ou belge, c'est la règle de droit international propre à la législation étrangère, qui, de son côté, assigne compétence à la loi de droit interne belge ou française. Reportons-nous, en effet, à l'affaire *Forgo*, la seule où les juges se soient quelque peu expliqués. Nous les avons vus, après avoir affirmé, d'après le droit international français, la compétence de la loi successorale de Bavière, fixer leur attention sur une règle contenue dans le Code bavarois et concernant le conflit de la loi locale avec les lois étrangères. C'est cette règle que, méconnaissant son véritable caractère, s'imaginant y voir une disposition de la loi successorale, ils ont entendu suivre. Et le tribunal de Melun s'inspire de la même pensée, commet une semblable méprise, quand il dit : « On reviendrait, il est vrai, par voie de conséquence, à appliquer en fin de compte la loi française, si la loi de l'État de la Louisiane prescrivait de se référer... à la loi du pays où *le défunt avait une simple résidence de fait* ». C'est en cela précisément que consiste l'équivoque sur laquelle est fondée notre jurisprudence : nos juges disent une chose, alors qu'ils en pensent une autre, parce qu'ils n'ont pas soin de distinguer dans la législation étrangère ce qui est de droit interne et ce qui est de droit international ; cette confusion, que leur suggèrent les parties intéressées, fait naître dans leur esprit une illusion, à la faveur de laquelle ils appliquent la loi personnelle ou la loi successorale française, dans un cas où le droit international français leur ordonne d'appliquer la loi personnelle ou la loi successorale étrangère.

Sous cette première forme, donc, le « renvoi » n'est que l'expression d'une grossière erreur, mais d'une erreur verbale, plutôt que réelle.

2° Si, maintenant, faisant abstraction du langage qu'emploient nos tribunaux, nous nous attachons à leur pensée, telle que je viens de la préciser, devons-nous reconnaître qu'ils obéissent à un renvoi? Nullement. Nous voyons bien que, sans en avoir conscience, ils se réfèrent au droit international étranger et que ce droit, procédant comme le nôtre, mais en sens inverse, investit, à son tour, de la compétence en la matière la loi française interne. Mais, comme ce n'était pas à lui que, d'après nos tribunaux eux-mêmes, notre droit international avait d'abord adressé la compétence, il n'a aucun titre à la refuser et à en opérer le renvoi. On ne décline pas une invitation que l'on n'a pas reçue. La situation réelle est celle-ci : de même que notre législateur a pris l'initiative d'attribuer compétence à la loi interne étrangère, de même c'est spontanément, sans répondre à aucun appel du législateur français, que le législateur étranger, de son côté, assigne à la loi française interne la même compétence. Il y a donc simplement conflit de deux règles de droit international contraires. Assurément, cette opposition de vues des deux législateurs est digne d'attention et suscite la question de savoir auquel, dans l'espèce, le dernier mot doit appartenir, mais la qualification de « renvoi » n'y est pas applicable; ici, le « renvoi » n'est qu'imaginaire.

Ainsi, tout à l'heure, le « renvoi » n'avait pas lieu parce que la loi étrangère de droit interne, vraiment investie de la compétence, la retenait par devers elle, et maintenant le « renvoi » ne se produit pas davantage parce que la règle étrangère de droit international n'a pas reçu compétence.

3° Le « renvoi » n'est pas la conclusion logique et vraie du raisonnement que font les juges; mais il en est la conclusion quand même, en fait, comme s'il ne provenait pas d'une illusion, puisque pratiquement les décisions rendues le sont en vertu du droit international étranger. De là il est résulté que les auteurs, considérant la jurisprudence telle qu'elle se présentait à eux, négligeant d'en faire une suffisante analyse, ont cru à l'existence du « renvoi » et, pour le comprendre, ont modifié, sans y prendre garde, la conception des juges. Le « renvoi » leur est apparu sous la forme suivante : la règle française de droit international qui, en matière de statut personnel ou de succession, déclare compétente une loi étrangère, s'adresse à la règle étrangère correspondante, règle de droit international comme elle-même; si donc celle-ci, à son tour, assigne compétence à la loi française, il s'opère vraiment un renvoi. Par exemple, quand le législateur français déclare applicable, à l'égard de la succession mobilière, la loi bavaroise, il a en vue, dans le Code bavarois, le § 17 du chapitre 11 et le § 1 du chapitre 12 de la 3e partie, qui règlent le conflit de la loi successorale de Bavière avec les lois successorales étrangères, en faisant prévaloir la loi du domicile et de la situation des biens sur la loi nationale ; si donc c'est en France que le défunt est mort domicilié, en y laissant ses biens, c'est à la loi française qu'est vraiment renvoyée la compétence.

Telle fut, en 1885, aux yeux de M. Labbé, la « théorie du renvoi » pratiquée par nos tribunaux. Cette manière d'entendre la jurisprudence n'était pas tout à fait exacte, puisqu'en réalité nos tribunaux ne faisaient intervenir le droit international étranger que par suite d'une méprise, en le confondant avec le droit interne. Mais elle ne différait des véritables vues de nos juges que par une nuance, et les deux conceptions, en somme, aboutissaient au même résultat : l'application par nos tribunaux du droit international étranger de préférence au droit international français.

Or, cette assignation de compétence au droit international étranger de la part du législateur français, notre éminent maître l'estima contraire à toute vérité, et ce fut cette erreur qu'il combattit et ruina par une argumentation décisive : « La loi bavaroise est applicable. Quelle loi? Est-ce la loi sur le règlement des successions? Est-ce la loi sur les statuts? La loi sur les statuts? Pourquoi donc? Est-ce que le législateur français, de qui dépend la solution du litige, n'a pas sa théorie sur cet objet? Est-ce qu'il demande à un législateur étranger une consultation sur ce point?... Non, la loi qu'un juge doit observer doit lui être révélée, en tout état de cause, avec certitude, par son législateur. Un tribunal n'a pas à attendre d'un législateur étranger l'indication de la route qu'il doit suivre... Il appartient au législateur sous l'autorité duquel est placé le juge saisi d'une affaire de déterminer la loi applicable à la cause. Lorsqu'il a désigné une loi étrangère pour la solution d'une question, le juge n'a plus à demander au législateur étranger quelle est la loi applicable; il le sait. Il n'a plus qu'à emprunter à cette loi la solution de la question du procès, condition de capacité, règlement de succession ou cause de divorce ».

Ce fut aussi cette sorte de théorie du « renvoi » qu'en 1896 je m'efforçai de réfuter (1). M'inspirant à la fois des idées de M. Labbé et de mes propres réflexions, je disais en substance que supposer à notre législateur l'intention d'attribuer compétence aux législateurs étrangers quant à la solution du conflit de la loi française avec les lois étrangères, ce serait encourir un quadruple reproche : ce serait, premièrement, entendre nos règles de droit international en un sens contraire à la tradition, en un sens qu'elles n'ont jamais eu dans notre ancien droit, par conséquent en un sens tout autre que celui que les auteurs du Code civil ont attaché aux articles 3, 170 et 999, résumé du droit antérieur; ce serait, secondement, faire de ces règles quelque chose d'irrationnel et même d'inintelligible, puisqu'il serait impossible de comprendre pourquoi notre législateur aurait commis pour le suppléer tel ou tel législateur étranger, de préférence aux autres, selon qu'il s'agit d'état et de capacité des personnes, ou de succession mobilière, ou de forme des actes, etc., tandis que la désignation par notre législateur de telles ou telles lois étrangères de droit interne, comme devant s'appliquer en France en telle ou telle matière, est un acte judicieux ou du moins plausible; ce serait, troisièmement, imputer à notre législateur une inconcevable désertion de son devoir, une véritable abdication de sa souveraineté et le ridicule d'avoir fait des lois pour proclamer expressément, sur un sujet d'importance capitale, ou son indifférence ou sa propre incapacité, pour dire qu'il s'en remettait aux autres du soin de fixer l'empire de ses propres lois; ce serait, en dernier lieu, dans le cas particulier du « renvoi », c'est-à-dire lorsque la règle de droit international étrangère désigne, de son côté, comme applicable la loi française, nous enfermer dans un cercle vicieux; car cette règle de droit international étrangère, correspondant à la nôtre, ne saurait avoir un autre sens que la nôtre et par conséquent désignerait, à son tour, parmi les lois dont se compose notre législation, la règle de droit international qui déjà l'avait elle-même saisie; d'où suivrait une nouvelle attribution de compétence faite à la loi étrangère par la nôtre, un second renvoi de la loi étrangère à la nôtre, enfin un va-et-vient perpétuel de deux règles de droit interna-

(1) *De l'application des lois étrangères en France et en Belgique*, J. dr. int. priv., 1896, p. 241.

tional contraires, n'aboutissant jamais à l'application effective d'une loi de droit interne, laissant donc la difficulté sans solution, ressemblant, comme on l'a dit en même temps, d'autre part, à un jeu de paume, de tennis ou de volant. Il est remarquable, en effet, que des auteurs appartenant à des pays divers aient, sans entente, simultanément conçu la même image. N'est-ce pas la preuve que l'image est juste?

M. Weiss, néanmoins, l'a contesté (1). « Nous croyons, a-t-il dit, qu'il y a là une confusion. Lorsque la loi nationale de l'étranger, à laquelle il appartient de gouverner son état et sa capacité, délègue sa compétence à la loi du lieu où cet étranger a fixé son domicile, ce n'est pas en ce qui concerne les principes généraux applicables à la solution du conflit des lois, c'est uniquement au regard des dispositions du droit interne qui, en dehors de toute difficulté internationale, sont relatives à l'état, à la capacité des personnes, aux rapports de famille... le prétendu cercle vicieux que l'on nous dénonce est purement imaginaire ».

Il serait imaginaire, je le veux bien, s'il s'agissait de quelque autre théorie du « renvoi » à laquelle M. Weiss a peut-être songé, mais il ne l'est certainement pas dans celle dont je traite en ce moment et dont voici, de nouveau, les termes : lorsque le droit international français déclare applicable, en France, en matière d'état des personnes ou de succession mobilière, une loi étrangère, c'est le droit international étranger, non pas la loi de droit interne étrangère, que le législateur français revêt de la compétence dont il se dépouille lui-même; or, il se trouve que le droit international étranger désigne, à son tour, la loi française comme devant de préférence régir la matière; il y a donc renvoi au législateur français de la compétence même dont il avait investi le législateur étranger. Tel étant le « renvoi » dont il est en ce moment question, n'ai-je pas raison de dire que le législateur étranger, en répondant au geste du législateur français par un geste semblable, ne saurait être considéré comme l'ayant fait dans une intention différente, qu'ayant reçu le pouvoir de statuer sur le conflit de deux lois internes, c'est ce même pouvoir qu'il « retourne » à qui le lui avait offert? Et, dès lors, comment nier qu'il va se produire un cercle vicieux?

(1) *Traité théorique et pratique de droit international privé*, t. III, p. 80.

M. Weiss, mettant en présence le droit international italien, qui applique à l'état des étrangers, même domiciliés en Italie, leur loi nationale, et le droit international anglais, qui, de son côté, s'en remet pour ses sujets à la loi de leur domicile, interprète ainsi cette dernière règle : « L'intention du législateur anglais, lorsqu'il manifeste sa préférence pour la loi du domicile, n'a pas été bien certainement de permettre à cette loi de lui renvoyer la solution du conflit qu'il lui défère, de laisser en définitive à cette loi le choix du meilleur système de droit international privé; il a entendu que la loi du domicile ait le dernier mot, comme étant plus appropriée que toute autre à cette solution ; c'est à cette loi que le circuit doit s'arrêter ». C'est très juste et très fortement exprimé. Mais, si l'on explique ainsi la désignation de la loi italienne par le droit international anglais, il faut aussi et tout d'abord expliquer de la même manière la désignation de la loi anglaise faite en premier lieu par le droit international italien et dire : « L'intention du législateur italien, lorsqu'il manifeste sa préférence pour la loi nationale, n'a pas été bien certainement de permettre à cette loi de lui renvoyer la solution du conflit qu'il lui défère, de laisser en définitive à cette loi le choix du meilleur système de droit international privé; il a entendu que la loi nationale ait le dernier mot, comme étant plus appropriée que toute autre à cette solution ». Or, c'est là précisément ma thèse, et la conséquence en est non pas seulement que le circuit doit s'arrêter à mi-chemin, comme le dit M. Weiss, mais qu'il ne peut commencer, le renvoi n'ayant pas lieu. Point de renvoi, point de circuit; mais, s'il y a un premier renvoi, un second renvoi s'ensuit nécessairement, par conséquent un circuit commence, qui ne cessera pas; ce sera le cercle vicieux que j'ai signalé.

4° Le « renvoi », tel que je viens de l'envisager et de le discuter, n'est de la part de nos tribunaux que le résultat d'une méprise. Des auteurs, pour le justifier, l'ont présenté comme la conséquence d'un principe. C'est, à la vérité, la loi étrangère de droit interne que la règle française de droit international déclare applicable en France, ont-ils dit; mais il y a, entre cette loi et la règle de droit international faisant partie de la même législation qu'elle, une relation si étroite qu'on doit les considérer comme ne faisant qu'une seule et même loi. Par conséquent, la compétence dont la loi de droit interne est saisie par le législateur français se communique nécessairement à la règle de droit international et, dès lors, le renvoi que fait cette règle s'impose avec l'autorité du droit; le législateur français qui s'est adressé à la loi interne étrangère s'est par là même soumis à la règle de droit international qui fait corps avec cette loi; il a d'avance consenti lui-même au renvoi. Telle est la quatrième forme sous laquelle on a conçu le « renvoi proprement dit ». Mais on y aboutit, d'ailleurs, par des raisonnements divers.

Ce fut dans le livre de M. de Vareilles-Sommières que je rencontrai pour la première fois cette manière de voir (1). « On a prétendu, disait l'auteur, que nos tribunaux ne doivent pas tenir compte du renvoi de la loi nationale à la loi du domicile et qu'il faut appliquer quand même aux étrangers les statuts personnels en vigueur dans leur pays d'origine. On allègue que les statuts personnels nationaux sont toujours, pour tout individu, ceux qui s'adaptent le mieux à sa nature; la raison les désigne et ne désigne qu'eux... Mais on oublie que le renvoi fait par la loi étrangère à la loi du domicile est précisément un de ces statuts personnels qu'on nous présente comme s'adaptant à la constitution physique et morale de ses ressortissants et comme devant être acceptés de confiance par le législateur français. Si la loi étrangère juge que le naturel de ses sujets n'a pas de caractères très saillants et que leurs qualités moyennes peuvent s'harmoniser avec le milieu où ils s'établissent, de quel droit prétend-on que, sur ce point seulement, elle est mauvais juge? Du moment qu'il est entendu qu'on doit suivre en France le statut personnel étranger, il faut l'accepter tout entier, tel qu'il est et sans triage, excepté ce qui serait contraire à l'honnêteté ou à l'intérêt du pays... ».

Je crus alors à une nouvelle mais simple méprise, analogue à celle où notre jurisprudence est tombée en prenant une règle de droit international pour une règle de droit interne, et je répondis (2) : « Quelle confusion et, par suite, quelle erreur! Un statut personnel est une disposition de droit interne concernant la condition des personnes, affectant leur état et leur capacité,

(1) *La synthèse du droit international privé*, t. II, p. 97, n. 787 et 788.
(2) *Considérations sur le droit international privé*, brochure, p. 49 et 50.

telle que, par exemple, celle qui fixe la majorité à vingt et un ans ou celle qui décide que le mineur est incapable de gérer ses biens. La disposition législative que l'auteur fait intervenir, en la qualifiant faussement de statut personnel, est une règle de droit international, qui donne la solution du conflit de deux statuts personnels, en décidant que celui du domicile l'emportera sur celui de la patrie... Il importe peu que la loi étrangère soit, à cet égard, bon ou mauvais juge. Ce n'est pas à elle qu'il appartient de juger... M. de Vareilles-Sommières tombe, ici, sans y prendre garde, dans une contradiction flagrante. Ne proclamait-il pas, naguère, que tout législateur est maître chez lui, que l'application des lois étrangères de la part de ses juges est son fait propre, que les souverains étrangers n'y ont aucun droit, « qu'ils ne peuvent en aucune mesure prétendre à exercer leur pouvoir législatif dans le sein d'une société civile autre que la leur ? » Le législateur français, en décidant que les lois étrangères s'appliquent aux étrangers, juge par là même que ses propres lois ne leur conviennent pas ; et il le décide sans avoir à prendre d'autre avis que le sien ; car c'est l'affaire de l'État français, non celle des États étrangers, d'administrer la justice en France ».

Mais, depuis, l'assimilation que M. de Vareilles-Sommières avait peut-être faite à la légère ou du moins sans réflexion suffisante, M. Pasquale Fiore, professeur à l'Université de Naples, l'a présentée comme la conclusion de vues mûrement délibérées et scientifiques. M. Fiore propose une théorie du « renvoi » qui lui est propre et que j'examinerai plus loin. L'idée fondamentale en est que le souverain national est seul compétent, en ce qui concerne le statut personnel de ses sujets, non seulement pour le constituer dans son droit interne, mais aussi pour en déterminer au dehors l'étendue d'application et les modalités, en décidant, notamment, que, là où ses sujets seront allés s'établir, ils cesseront d'être régis par leur loi nationale et le seront, désormais, par la loi de leur domicile. Tel étant son principe, M. Fiore en déduit que le droit international du souverain doit s'appliquer à ses sujets expatriés comme leur statut personnel lui-même, dont il fait partie intégrante, avec lequel il se confond. Cette affirmation se trouve dans maints passages, entre autres dans les suivants : « Ainsi que nous l'avons déjà dit, la compétence législative à l'égard des personnes appartient au souverain de chaque État sur ses nationaux. Par conséquent, les règles qu'il édicte pour déterminer la condition juridique de ses citoyens, même en pays étranger, dans le domaine de leurs droits privés, doivent être reconnues intégralement, parce qu'elles font partie de leur statut personnel... Pour nous, le principe est simple : les règles législatives concernant le droit international privé édictées en vue de la compétence législative personnelle doivent avoir la même autorité que le statut personnel, parce qu'elles en sont un *élément intégrant et complémentaire... Admettons qu'après* la mort d'un Argentin (domicilié en Italie) le juge italien doive, conformément à notre Code, appliquer la loi de la République Argentine. Comme cette loi comprend la disposition de l'article 3283 du Code civil argentin (décidant que la loi applicable à la succession d'un Argentin est celle de son domicile), il nous semble impossible que ce magistrat puisse se dispenser d'en tenir compte. Cette disposition fait, en effet, partie du statut personnel... Ceci bien considéré, il nous semble plus conforme aux vrais principes d'admettre que les règles de droit international privé consacrées en vertu de la compétence législative personnelle pour déterminer le principe régulateur de l'état des personnes et de leurs droits personnels font pour les citoyens partie intégrante de leur statut personnel et par conséquent les accompagnent à l'étranger. Par conséquent, le magistrat de tout État où on reconnaît l'autorité du statut personnel doit les appliquer à ces citoyens, nonobstant qu'elles diffèrent des lois locales applicables aux citoyens du pays auquel appartient le juge (1) ».

Il n'y a pas dans la thèse de M. Fiore le défaut de logique par où pèche celle de M. de Vareilles-Sommières, puisque M. Fiore part de l'idée que le souverain national a le droit, quant au statut personnel de ses sujets, de faire la loi hors de son territoire, tandis que cela, M. de Vareilles-Sommières le nie. Mais, quand même il faudrait reconnaître au souverain national, à l'égard de ses sujets et de leur statut personnel, une compétence législative double, s'étendant du droit interne au droit international privé, ce que je discuterai plus tard, cette compétence n'aurait pas dans le domaine du droit international privé le même caractère que

(1) *Du conflit entre les dispositions législatives de droit international privé*, J. dr. int. pr., 1901, p. 689, n. 21; p. 692, n. 24; p. 698; p. 700.

dans le domaine du droit interne; de caractère différent aussi, par conséquent, seraient les règles qu'engendrerait cette double compétence; et de là résulterait l'impossibilité d'incorporer la règle de droit international à la règle de droit interne. En droit interne, en effet, le souverain ne statue que sur des intérêts qui lui sont propres et par conséquent exerce une action pleinement autonome. En droit international, il s'agit d'un rapport qui s'est formé entre sa loi et celle d'un souverain étranger; pour donner une règle à ce rapport, il n'est plus absolument maître, il rencontre un rival, dont le droit est égal au sien; à défaut d'entente sur une règle commune, la règle qu'il édictera seul ne saurait lier l'autre partie. Donc, la règle de droit interne et la règle de droit international édictées par le souverain national diffèrent en ce que la première est en elle-même parfaite, la seconde incomplète, partiellement inefficace, exposée à demeurer sans effet sur le territoire du souverain étranger, si elle y est paralysée par une règle contraire. Et c'est pourquoi je dis que deux règles de caractère si essentiellement différent ne sauraient s'incorporer l'une à l'autre.

L'incohérence d'un tel assemblage n'apparaîtra pas, il est vrai, si le législateur auquel on l'impute a le soin de ne pas se heurter à la règle de droit international contraire qu'a pu édicter, de son côté, l'autre législateur, c'est-à-dire s'il se tient sur son territoire et ne s'adresse qu'à ses propres juges. Voici, par exemple, qu'en matière d'état et de capacité des personnes, la règle de droit international française attribue compétence à la loi nationale et la règle de droit international danoise à la loi du domicile. A la vérité, l'article 3 de notre Code civil déclare, en conséquence, que les Français, résidents ou même domiciliés — c'est là son véritable sens — en Danemark, y demeurent sous l'empire de la loi française; mais il n'entend nullement par là imposer aux juges danois l'application de cette règle; c'est pour les juges français seuls qu'elle est faite. Que, de son côté, le législateur danois s'abstienne de prétendre imposer aux juges français l'application de la loi française aux Danois domiciliés en France, en tant que loi de leur domicile; qu'il se borne à l'exiger, si bon lui semble, des juges danois à l'égard des actes que les Danois passeraient en France. Les choses étant ainsi, les deux législateurs observant mutuellement cette réserve, ils peuvent sans inconvénient croire que leur droit interne et leur droit international se confondent en un seul, bien qu'en réalité ils soient parfaitement distincts.

Mais, si le législateur danois, conformément à la doctrine de M. Fiore, venait à prétendre que, sur le territoire français, les juges français doivent appliquer aux Danois la loi française de droit interne, en tant que loi de leur domicile, affirmant que le législateur français s'y est engagé, par voie de conséquence, en acceptant le droit interne danois, puisque le droit interne d'un pays se double nécessairement de son droit international, alors éclaterait l'étrangeté d'une pareille théorie et le législateur français pourrait, devrait même y opposer la protestation suivante : « Je me suis approprié votre droit interne, en ce qui concerne le statut personnel de vos sujets, dans un intérêt de bonne administration de la justice, que je dois même aux personnes qui, sans être mes sujets, s'adressent néanmoins à mes tribunaux. J'ai pensé que, pour les Danois domiciliés en France, les règles les plus rationnelles sont celles qui ont été faites à leur usage par leur propre législateur; car un changement de domicile n'entraîne pas un changement de nationalité et, selon moi, l'état et la capacité des personnes sont en étroite relation avec leur nationalité. Vous êtes, me dites-vous, d'un avis contraire. Soit. Mais, responsable chez moi de l'administration de la justice, je n'ai pas à m'inspirer, sur ce qui est juste ou non, d'un autre sentiment que le mien. Vous insistez, alléguant qu'en acceptant vos lois internes j'ai, par voie de conséquence, accepté votre droit international. Mais telle n'a pas été mon intention et cette intention ne saurait même pas m'être raisonnablement imputée. Je ne peux pas avoir adopté votre droit international, puisque moi-même, en déclarant applicable au statut personnel de vos sujets vos lois internes, je me suis fait un droit international propre; vous m'attribuez un acte contradictoire et inintelligible. Bref, j'ai cru devoir m'approprier votre droit interne en la matière et pour vos sujets, mais je vous ai laissé votre droit international, qui n'en fait nullement, quoi que vous en disiez, partie intégrante, et que vous appliquerez chez vous, comme j'applique le mien chez moi. Vous vous attachez au domicile pour déterminer le statut personnel; je n'ai pas la prétention de vous imposer la nationalité. Je m'attache à la nationalité; n'ayez pas la prétention de m'imposer le domicile. Peut-être pourrions-nous dans une convention transiger de quelque manière; mais, en l'absence de tout accord, nous sommes l'un et l'autre, sur notre territoire, indépendants; tenons-nous, de part et d'autre, à notre principe ».

Il n'est donc pas vrai que le droit international d'un pays s'incorpore à son droit interne; la théorie de M. Fiore n'est pas admissible.

Celle que M. Westlake, professeur à l'Université de Cambridge, a soutenue devant l'Institut de droit international, en 1900, ne l'est pas davantage (1). M. Westlake estime que « l'on ne peut pas scinder la législation, du point de vue du législateur, en droit interne et droit international », que « cette distinction n'appartient qu'à la science », qu'étant données dans une législation deux règles, l'une fixant à 19 ans la capacité de tester, l'autre déclarant que la capacité des personnes est réglée par la loi de la nation à laquelle elles appartiennent, la première, sans la seconde, « n'a pas de sens..., est en l'air, un arrangement de mots et rien de plus », parce que, sans celle-ci, on ne sait pas à qui celle-là s'adresse. Pour lui, vouloir qu'il y ait des lois internes et des lois de droit international, c'est vouloir que « les législateurs, en pensant à leur œuvre, ne pensent pas à leur compétence et tracent des règles, abstraction faite du domaine auquel ces règles s'appliquent ». Il ajoute : « Lorsqu'on demande aux jurisconsultes et aux juges anglais quel est l'âge de la majorité, ils disent (si leur réponse est réfléchie) non pas 21 ans, mais 21 ans pour les personnes domiciliées en Angleterre. La conception que le législateur éclairé et consciencieux se fait de sa compétence (c'est-à-dire sa conscience du droit international privé) est incorporée à toute son œuvre. Une législation nationale ne se basant pas sur un principe de droit international est inconcevable. Le droit international privé n'est pas un supplément à l'œuvre ; il la pénètre tout entière et fait corps avec elle (2) ».

Comme on le voit, M. Westlake va bien plus loin encore que M. Fiore dans l'idée que le droit interne et le droit international

(1) M. Westlake s'était précédemment déclaré contraire à la « théorie du renvoi » en général. Mais il faisait exception déjà pour la succession mobilière. En 1900, il s'y est complètement rallié. Sa doctrine participe à la fois de celle que j'expose actuellement et de celle que je ferai connaître ensuite.

(2) *Annuaire de l'Institut de droit international*, t. XVIII, p. 35, 167, 168.

privé d'un pays ne font qu'un seul et même droit; leur union, à ses yeux, n'est pas seulement naturelle; elle est nécessaire, au point que les séparer lui paraît chose impossible; tandis que pour M. Fiore la compétence législative en droit interne se complète simplement de la compétence législative en droit international, M. Westlake estime que le droit international est la condition même du droit interne, qu'isolé de celui-là, celui-ci ne saurait se concevoir. M. Westlake n'aboutit pas d'ailleurs à la même conclusion que M. Fiore; car il n'admet pas le « renvoi proprement dit »; il se borne à dire que la situation faite aux Anglais domiciliés à l'étranger par sa doctrine est analogue à celle qui résulterait du renvoi et que le règlement doit en être le même. C'est un point sur lequel il y aura lieu de revenir.

Comment M. Westlake a-t-il pu concevoir une théorie si singulière, je veux dire une théorie si éloignée de toutes les conceptions antérieures? C'est, il me semble, que, se plaçant dans le temps actuel, en présence des législations qui, en outre de leur droit interne, contiennent des règles de droit international, il a été très vivement frappé de ce fait et en a déduit une conséquence excessive. La juxtaposition, dans la plupart des pays, de deux sortes de droit l'a fait croire à leur union nécessaire et intime. Cependant il est, au contraire, bien certain qu'édicter des lois internes et régler le conflit de ces lois avec les lois étrangères de même nature sont deux opérations du législateur parfaitement distinctes et que la première ne dépend nullement de la seconde.

La preuve en est fournie, tout d'abord, par les législations mêmes où l'on rencontre, à l'heure actuelle, des règles de droit international privé. Ces règles y sont généralement en très petit nombre et tout à fait insuffisantes pour déterminer l'étendue d'application du droit interne tout entier. C'est à grand'peine que la doctrine y supplée. Le domaine du droit interne en est-il d'autant restreint? Le prétendre serait nier l'évidence. Partout le développement du droit interne est indépendant de celui du droit international privé. La législation anglaise en offre précisément un exemple frappant. Les règles du droit international privé n'y sont pas l'œuvre du législateur; elles forment un droit jurisprudentiel et coutumier qui, sur nombre de points de grande importance, est mal établi, mouvant, presque insaisissable pour les jurisconsultes étrangers, laissant fréquemment dans l'incertitude les jurisconsultes anglais eux-mêmes. Est-ce aussi là le caractère du droit anglais interne? Assurément non.

Ce désaccord entre le droit international et le droit interne en Angleterre se manifeste particulièrement à l'égard du statut personnel. On croit en général que, d'après la jurisprudence anglaise, le statut personnel est fondé sur le domicile : hors d'Angleterre, les jurisconsultes l'affirment, les tribunaux s'en inspirent dans leurs jugements. Cependant, rien n'est moins certain, comme je crois l'avoir ailleurs démontré (1). Les étrangers domiciliés hors d'Angleterre, ai-je dit, ne seraient pas sûrs de se voir appliquer par les juges anglais, en matière d'état et de capacité des personnes, la loi de leur domicile. Or, mon opinion se trouve singulièrement corroborée par certains passages du discours que M. Westlake a, depuis, prononcé devant l'Institut de droit international (2); car ce que j'ai allégué relativement aux étrangers, l'éminent professeur l'a confirmé pour les Anglais eux-mêmes. Après avoir dit que « la question actuelle se présente à une époque plus avancée, quand on trouve, à côté de la législation de la nationalité, d'autres législations qui, comme celle de l'Angleterre, prétendent s'attribuer la compétence sur les domiciliés », l'orateur poursuivit en ces termes : « Prenons la question de la capacité d'un Anglais domicilié en France. On veut que la loi française donne droit de cité à la loi de capacité étrangère. Mais le législateur anglais n'a rien dit sur l'état et la capacité des personnes domiciliées au dehors, qu'elles soient anglaises ou étrangères... Les adversaires du renvoi veulent à tout prix que la législation anglaise possède une loi nationale qui pourrait s'arroger compétence. Mais, comme il n'y a pas dans la législation anglaise une loi sur l'état et la capacité des personnes domiciliées hors de l'Angleterre, il faut inventer cette loi anglaise, puis toute une théorie de législation, pour prétendre qu'il y a réellement renvoi ». D'après cela, à moins que M. Westlake ne soit allé, dans la discussion, au delà de sa pensée, n'ai-je pas eu raison de douter que le droit international anglais pose en règle générale que les personnes sont régies, quant à leur statut personnel, par la loi de leur domicile? Cette

(1) *De l'application des lois étrangères en France et en Belgique*, J. dr. int. pr., 1896, p. 481 et s.

(2) *Annuaire de l'Institut de droit international*, t. XVIII, p. 166, 167.

règle existe peut-être pour les personnes qui sont domiciliées en Angleterre, mais elle n'existe pas à l'égard de celles qui sont domiciliées ailleurs.

Mais alors, pour en revenir à la thèse de M. Westlake, les Anglais domiciliés en France, n'étant plus régis par le droit international anglais, seront donc aussi, quant à leur statut personnel, destitués de leur droit interne? Il le faut bien, puisque M. Westlake s'étonne que le législateur français prétende accorder « droit de cité » aux lois de capacité étrangères, notamment à la loi de capacité anglaise. Est-ce à dire que les Anglais n'auront plus aucun statut personnel? C'est ici qu'intervient la manière de voir de M. Westlake sur le « renvoi » ou plutôt sur ce qui, dans sa doctrine, en est l'équivalent. J'y reviendrai. Sachons seulement, dès maintenant, que, d'après lui, le législateur anglais se désintéressant alors de l'application de ses lois internes, c'est au législateur français de leur appliquer les siennes. Mais, comme il dépend du législateur français d'y consentir ou non, s'il n'y consent pas, les jugements rendus en France qui auront appliqué à des Anglais leur loi nationale seront donc sans valeur en Angleterre? C'est à cela, en effet, qu'aboutirait la thèse de M. Westlake. Or, est-ce admissible?

Mais ce n'est pas tout. Le droit international privé n'a jamais pris que tardivement naissance, bien longtemps après la formation du droit interne. Destiné à régir, dans chaque pays, le conflit des lois internes locales avec les lois internes étrangères, il n'a pu précéder l'époque où des rapports se sont établis entre ces lois. Nous ne le voyons apparaître que dans la seconde moitié du treizième siècle, en Lombardie, et c'est parce qu'alors les cités lombardes entretenaient entre elles et même au dehors des relations qui mettaient en contact leurs statuts locaux entre eux et avec les lois étrangères. Ce fut le germe du droit international privé, qui se développa lentement, à travers bien des vicissitudes. En Angleterre, où l'unité législative s'était réalisée de bonne heure, le droit international privé demeura inconnu jusqu'au jour où les lois internes d'Angleterre se rencontrèrent avec celles de l'Écosse, des colonies et des pays étrangers, et ce ne fut, paraît-il, que vers le milieu du XVIIIe siècle que l'on sentit le besoin de l'y introduire. Il y fut importé de Hollande. Le Japon, tout dernièrement, l'a importé d'Allemagne. Il y a même, aujourd'hui encore, des pays où le droit international privé n'existe pas : ce sont ceux qui, dans l'ordre du droit privé, n'ont point de relations juridiques extérieures ou qui, à raison de quelque circonstance, ne donnent pas accès dans leur législation aux lois étrangères. C'est ainsi qu'en Turquie, la religion ne permettant pas la pénétration du droit musulman par le droit étranger, le régime de la personnalité du droit, comme en Europe après l'invasion des Barbares, y tient lieu du droit international privé. De là il résulte qu'il fut un temps où le droit international privé, dans tel pays, n'existait pas encore, et que, de nos jours même, dans tel autre pays, l'existence en est impossible. Est-ce que les peuples de ces pays vivaient ou vivent sans lois internes? Telle devrait être la conclusion de la doctrine de M. Westlake. Et, comme ce serait contraire à la vérité, ce qu'il faut en déduire, c'est la certitude que cette doctrine est inexacte.

En résumé, le droit interne et le droit international privé sont d'essence différente; ils peuvent ne pas coexister et, là où ils coexistent, ils sont sinon pleinement indépendants l'un de l'autre, du moins sans intimité nécessaire. Contrairement aux assertions de MM. de Vareilles-Sommières et Fiore, le droit international ne s'incorpore nullement au droit interne, de manière que le législateur d'un pays, en faisant appel au droit interne d'un autre pays, doive être considéré comme adoptant en même temps son droit international aux lieu et place de celui qu'il s'est lui-même donné. Encore moins est-il vrai que, suivant la doctrine de M. Westlake, l'existence du droit interne d'un pays soit subordonnée à celle du droit international privé, thèse dont MM. de Vareilles-Sommières et Fiore se seraient sans doute prévalus, s'ils en avaient eu connaissance, en disant que le droit international non seulement s'incorpore au droit interne, mais en est la condition nécessaire.

Tel est ce que j'ai nommé le « renvoi proprement dit », c'est-à-dire une contre-désignation adressée par un législateur à un autre de la compétence qu'il en aurait lui-même reçue. A quelque point de vue qu'on l'envisage, ce « renvoi » n'a rien de réel ; ce que l'imagination des parties intéressées, des juges et des jurisconsultes a créé sous ce nom, soit simplement en s'égarant, soit même en tâchant de faire œuvre scientifique, ce n'est pas autre chose qu'une série d'apparences de « renvoi », diverses, mais pareillement décevantes, que l'examen fait évanouir.

Il s'agit maintenant d'étudier les systèmes que l'on a présentés comme conduisant au même résultat, en les couvrant du nom de « renvoi », pris dans un sens large et vague, pour marquer le but auquel on tend de concert avec les partisans du « renvoi proprement dit », sans reconnaître la justesse ni de l'idée ni de l'image qu'évoque ce mot.

Il ne faut pas croire d'ailleurs que, les systèmes étant différents, leurs auteurs le soient toujours aussi; il règne dans toute cette matière une telle confusion que souvent le même jurisconsulte recourt, en vue de soutenir le « renvoi », à des moyens qui ne sont pas de même sorte ou même, quelquefois, sont contradictoires.

IV.

Une certaine « théorie des statuts » s'était produite, au XVIIe siècle, dans les Pays-Bas, et domine encore dans la jurisprudence anglo-américaine, peut-être même aussi dans l'esprit de certains codes modernes. En ce qui concerne le conflit des lois, disaient les jurisconsultes hollandais Voet et Huber, le principe est la stricte et absolue territorialité de la loi; d'où il suit qu'il appartient à chaque État de faire appliquer par ses juges sa propre loi, de préférence aux autres, en toute matière, à toute personne; mais il convient que, par courtoisie, c'est-à-dire dans un esprit de mutuelle bienveillance et de sage intelligence des intérêts réciproques, chacun donne volontairement effet chez lui, pour certains rapports juridiques, tels que l'état, la capacité des personnes et les rapports de famille, aux lois étrangères.

Si telle était en France la conception du droit international privé, nul doute qu'il n'y fût rationnel d'adopter un système équivalent à celui du « renvoi ». La désignation par notre droit international d'une loi étrangère comme devant s'appliquer en France ne serait rien de plus qu'une offre gracieuse faite au législateur étranger de substituer sa loi à la loi française. Dès lors, si le législateur étranger, loin d'accueillir avec empressement cette sorte de faveur, témoignait, au contraire, dans son propre droit international, du désir de voir appliquer à ses sujets la loi française, à raison de leur domicile ou pour toute autre cause, le législateur français ne pourrait que retirer une offre déclinée et s'en tenir au principe de la territorialité de ses lois.

Cette manière de voir n'est nulle part, que je sache, exprimée en termes aussi catégoriques et formels. Mais, parmi les auteurs qui soutiennent quelque théorie du « renvoi », beaucoup en sont plus ou moins imbus. Plusieurs aussi, sans l'adopter comme système général, en subissent, ici, l'influence.

Mon collègue, M. Weiss, est de ces derniers. Bien qu'il ne place pas à la base du droit international privé l'idée de courtoisie, il s'en est inspiré, malgré lui peut-être et par entraînement, lors de la discussion qui eut lieu, dans la réunion de l'Institut de droit international, à Neuchâtel, en 1900. Le procès-verbal (1), du moins, lui fait dire : « La loi française déclare qu'il (l'Anglais plaidant en France au sujet de son état et de sa capacité) est régi par sa loi nationale, c'est-à-dire par la loi anglaise. La loi anglaise décide que le domicile doit l'emporter sur la loi nationale; elle s'approprie la loi française (on vient de voir que tel n'est pas le sentiment de M. Westlake, d'après lequel, pour l'Anglais domicilié en France, le droit international anglais se désintéresse purement et simplement de son statut personnel). Mais alors où est le conflit? Les deux gouvernements ne sont plus en compétition. Puisque la loi personnelle s'incline devant la loi territoriale, pourquoi celle-ci refuserait-elle le cadeau ? Pourquoi se montrerait-elle plus royaliste que le roi, plus religieuse que l'église, plus étrangère que l'étranger? (2) Le droit international ne repose plus sur la *comitas;* les nations ne se

(1) *Annuaire de l'Institut de droit international*, t. XVIII, p. 151.

(2) M. Albéric Rolin (*Principes de droit international privé*, t. I, p. 259, note) a dit aussi : « Quelques auteurs poussent le respect de la loi nationale jusqu'à exiger, même dans ce cas, l'application de la loi anglaise, en tant qu'elle règle immédiatement et directement le statut personnel, et non en tant qu'elle prescrit l'observation de la loi du domicile. Cela nous paraît excessif. N'est-ce pas se montrer plus catholique que le Pape »?

font pas des politesses comme les individus ». C'est aussi mon sentiment. Mais, si la courtoisie n'est plus à la base du droit international, il faudrait en conclure, ce me semble, qu'il n'y a pas lieu pour le juge saisi du litige de considérer si l'application de la loi étrangère agrée ou non au législateur étranger et, dans ce dernier cas, d'abandonner son propre droit international, dont la source est la justice.

M. de Vareilles-Sommières est plus conséquent avec lui-même lorsqu'il soutient également cette sorte de « renvoi », puisqu'à ses yeux la courtoisie, beaucoup plus que la justice, est la raison de l'application des lois étrangères, puisqu'il écrit (1) : « La courtoisie, l'utilité et, dans une certaine mesure, la justice même fait un devoir au législateur d'admettre que les lois sur l'état et la capacité portées par les autres souverains seront appliquées chez lui à leurs sujets respectifs... Non pas que la justice parle ici directement et pose un principe *a priori*, mais, puisque la mesure est utile, il serait injuste qu'il ne la prît pas... Aux étrangers, devenus ses sujets éventuels, il doit, comme à ses sujets ordinaires, quand il n'en coûte rien aux autres, assurer le meilleur régime possible ; or, les statuts de leur pays, mesurés sur leur nature, sont ceux qui leur conviennent le mieux ». Qu'après cela cet auteur (2) veuille qu'en France on prenne en considération le refus opposé par le législateur étranger à l'offre que le législateur français lui avait faite, rien de plus logique. Seulement, M. de Vareilles-Sommières n'est qu'influencé par sa conception du droit international privé et, semble-t-il, ne l'a plus présente nettement à l'esprit lorsqu'il justifie son acceptation du « renvoi ». Car il s'exprime alors comme on l'a fait pour la théorie du « renvoi proprement dit ». L'annotateur des décisions de Bruxelles avait dit, en 1881 : « La loi anglaise, dans l'espèce, renvoie à la loi du domicile, c'est-à-dire à la loi belge, en sorte qu'appliquer la loi belge, c'est appliquer la loi anglaise ». Avec un peu plus de développement, M. de Vareilles-Sommières, après avoir admis le principe français que les étrangers sont régis en France, quant à leur statut personnel, par leur loi nationale, ajoute, à son tour : « Toutefois, si la loi d'un pays renvoie,

(1) *La synthèse du droit international privé*, t. I, p. 87.
(2) *Eod. loc.*, t. II, p. 96 et suiv.

pour le règlement de l'état et de la capacité de ses nationaux, à la loi de leur domicile (il en est ainsi en Allemagne)(1), c'est cette dernière qu'il faudra appliquer en France aux étrangers originaires de ce pays. Ce n'est point là une dérogation au principe qui précède : c'est sa conséquence ou plutôt son application même. En appliquant, en effet, la loi du domicile, nous appliquons, avant tout et surtout la loi de la nationalité, puisque celle-ci renvoie à celle-là. Ce n'est pas la loi française qui désigne la loi du domicile : la loi française désigne la loi nationale, mais celle-ci se substitue à la loi du domicile et en fait siennes les dispositions ». C'est dans la confusion du droit interne avec le droit international privé, confusion tenant à une équivoque, en un mot dans le système de la jurisprudence, que verse, ici, M. de Vareilles-Sommières, oublieux de sa conception du droit international privé, qui lui aurait fourni une justification sinon décisive, du moins plausible.

On voit par ces deux exemples, celui de M. Weiss s'inspirant d'une théorie qui n'est pas la sienne, et celui de M. de Vareilles-Sommières oubliant la sienne pour se laisser duper par une phraséologie trompeuse et vide, combien dans cette question du « renvoi » les idées sont mal assises.

La même impression va résulter de l'examen des débats qui eurent lieu, en 1900, dans la session tenue par l'Institut de droit international à Neuchâtel.

M. de Bar, professeur à l'Université de Gœttingue, tout en se défendant d'admettre la courtoisie comme raison de l'application des lois étrangères, s'est, ainsi que M. Weiss, principalement appuyé sur ce système pour soutenir la « théorie du renvoi » au sens large et impropre de ce mot (2). Il faut tout d'abord, a-t-il dit — selon le procès-verbal, — faire remarquer que les dispositions de lois relatives au droit international privé ne sont que des règles qui indiquent la compétence, soit celle d'une loi nationale, soit celle d'une loi étrangère. En ce qui concerne la com-

(1) L'ouvrage de M. de Vareilles-Sommières est, quoique non daté, antérieur au Code civil allemand.

(2) *Annuaire de l'Institut de droit international*, t. XVIII, p. 154 et 155.

pétence de ses propres lois, la règle du législateur est toujours absolue et il est incontestable qu'on violerait la souveraineté en admettant, dans ce cas, que la règle pût être limitée par l'application d'une loi étrangère. Mais est-ce un corollaire de notre souveraineté d'étendre la compétence d'une législation étrangère qui a renoncé d'elle-même à régler nombre de questions que pourtant notre législation, dans des cas pareils, soumet à ses propres règles? La négative paraît certaine, surtout dans le cas où cette législation étrangère veut que les questions qu'elle renonce à régler soient régies par nos lois. Imposer une compétence à qui n'en veut pas, ce n'est pas le traiter en égal, c'est revendiquer une espèce de supériorité ou s'attribuer un droit « supernational », c'est agir comme une cour supérieure qui ordonne à un tribunal inférieur, qui s'était déclaré incompétent, de statuer sur le fond. Or, comme tous les États sont égaux et doivent se respecter les uns les autres, il ne peut y avoir de compétence imposée. En ce qui concerne particulièrement les États qui règlent le statut personnel d'après la loi du domicile, il y a, comme l'a dit M. Guarini, renonciation partielle de la part de ces États à suivre leurs nationaux à l'étranger. Il n'y a donc pas ce fameux lawn-tennis ou jeu de raquette que redoutent les adversaires du renvoi; car tout est simplement réglé par la loi du domicile, qui reprend les fonctions exercées par elle au Moyen âge et jusqu'aux législations modernes qui ont suivi le Code français. Ainsi, il n'y a pour ainsi dire pas de question de renvoi, mais une exception à la règle de la loi nationale. Et cette exception, qui revient au vieux principe du domicile, est admise dans une assez grande partie du monde ».

M. Westlake s'est aussi rangé parmi les partisans du « renvoi », au sens vague et impropre du mot, et s'est à la fois appuyé, pour le soutenir, sur la thèse de la subordination du droit interne au droit international privé, que j'ai déjà fait connaître, et sur des arguments puisés dans l'idée que l'application des lois étrangères dans un pays s'explique par une offre faite aux législateurs étrangers et doit cesser quand cette offre est déclinée. Mais il y a entre sa doctrine et celle de M. de Bar une nuance très sensible. Pour ce dernier, le législateur qui résout le conflit des lois concernant le statut personnel en assignant prépondérance à la loi du domicile non seulement refuse l'offre d'appliquer sa loi nationale que lui fait le législateur français, mais veut peut-être que ses sujets domiciliés en France obtiennent du législateur français le bénéfice de la loi française. Pour M. Westlake, il y a, tout au moins de la part du législateur anglais, abstention pure et simple, pas même l'apparence d'un renvoi. Cela ressort bien d'un passage du discours de M. Westlake (1) dont j'ai déjà rapporté quelques lignes, à un autre point de vue, le suivant : « Prenons la question de la capacité d'un Anglais domicilié en France. On veut que la loi française donne droit de cité à la loi de capacité étrangère. Mais le législateur anglais n'a rien dit sur l'état et la capacité des personnes domiciliées au dehors, qu'elles soient anglaises ou étrangères. Que fera le juge français? Il lui est défendu de refuser de statuer. Il appliquera donc la loi du domicile. A défaut de la nationalité, le domicile n'en est pas moins un lien; un lien moins fort, d'après les idées modernes, que la nationalité, mais après tout un lien. Voilà pourquoi le législateur français appliquera la loi française. Non pas parce que le législateur anglais renvoie, mais parce qu'il se désintéresse. A côté de la compétence législative primaire (loi nationale), il y a simplement une compétence législative secondaire, pour le cas où aucune autre n'existe... M. Buzzati objecte qu'avec ce système on est renvoyé de loi en loi, comme les balles sont renvoyées de raquette en raquette au jeu de lawn-tennis. *Mais la loi anglaise ne renvoie pas. Elle ne fait que se désintéresser* (2). Par le recours à la compétence secondaire, la question se trouve close; elle est jugée définitivement. J'emploie le mot renvoi, parce que, alors que nos arguments conduisent au même résultat que le renvoi, nous deviendrions hypercritiques si nous nous arrêtions au mot. Les adversaires du renvoi veulent à tout prix que la législation anglaise possède une loi nationale qui pourrait s'arroger compétence. Mais, comme il n'y a pas dans la législation anglaise une loi sur l'état et la capacité des personnes domiciliées hors de l'Angleterre, il faut inventer cette loi anglaise, puis toute une théorie de législation pour prétendre qu'il y a renvoi ».

Ainsi, d'après M. Westlake, les Anglais domiciliés à l'étranger sont, quant à leur statut personnel, comme privés de toute nationalité, et c'est à titre subsidiaire, aucune loi nationale n'existant plus pour eux, que la loi de leur domicile doit leur être appli-

(1) *Annuaire*, t. XVIII, p. 166.

(2) C'est dans le texte même du procès-verbal que ces expressions sont soulignées.

quée, comme l'a admis l'Institut de droit international en 1880, dans sa session d'Oxford.

Déjà, peu de temps auparavant, M. de Vareilles-Sommières [1] avait, en termes très catégoriques, énoncé cette vue. « On veut appliquer, avait-il dit, à l'étranger domicilié en France des règles qu'aucun législateur n'a faites pour lui, des règles qui ne veulent pas l'obliger, des *lois* qui, *en ce qui le concerne*, ne sont pas des lois. Si la loi d'un État décidait que tout sujet qui fixe son domicile à l'étranger perd sa nationalité, les autres États, de l'avis unanime des juristes, devraient bien accepter cette dénationalisation et n'appliqueraient pas aux sujets de cet État, domiciliés chez eux, les statuts personnels du pays d'origine. Il faut accepter, de même, la décision de la loi étrangère qui soumet ses sujets expatriés aux règles d'état et de capacité du pays de leur domicile : c'est une demi-dénaturalisation qu'elle prononce ou constate, une dénaturalisation provisoire et au point de vue du droit privé ».

A la théorie du « renvoi » que j'expose présentement, se rattachent les dispositions de plusieurs Codes [2]. Les §§ 3 et 4 du Code civil de Zurich, le § 2 de celui de Zug, le § 1 de celui des Grisons, décident que, pour leur statut personnel et pour leurs successions les étrangers seront régis par le droit de leur patrie, mais à la condition que la loi de leur patrie le prescrive également. Le Code civil allemand, surtout, contient une disposition remarquable. Après avoir, dans plusieurs articles de sa Loi d'Introduction, posé la règle qu'en matière de capacité, de rapports de famille et de succession, les étrangers seraient régis par leurs lois nationales, il y apporte, dans l'article 27, cette exception : « Si, d'après le droit d'un État étranger, dont les lois sont déclarées applicables par les articles 7, alin. 1, 13, alin. 1, 15, alin. 2, 17, alin. 1, et 25, il y a lieu d'appliquer les lois allemandes, ces dernières lois sont appliquées ».

Sur le sens exact de cette disposition, relativement à la « théorie du renvoi », des jurisconsultes allemands se sont trouvés en désaccord. M. de Bar, devant l'Institut de droit international, à Neuchâtel, en 1900, conformément à des déclarations précédentes, a reconnu que la « théorie du renvoi » s'y trouvait

(1) *La synthèse du droit international privé*, t. II, p. 97.

(2) Elles sont rapportées par M. Fiore (*J. dr. int. pr.*, 1901, p. 431, n° 10).

adoptée[1]. Mais, dans la même Assemblée, à La Haye, en 1898[2], M. Sieveking, premier président de la Cour hanséatique, l'un des auteurs de la Loi d'Introduction, s'était tout à la fois déclaré hostile à la « théorie du renvoi » et partisan de l'article 27, parce que, suivant lui, cette disposition n'était pas conforme à la doctrine incriminée. En effet, dit-il, tandis que le principe du « renvoi » est une abdication de la souveraineté, « le législateur allemand prononce, au contraire, une extension de la souveraineté; car c'est seulement au bénéfice de la loi allemande et non des lois étrangères que l'article 27 est écrit; ce n'est donc pas « un renvoi ». Cette divergence de vues montre encore une fois combien, faute d'une suffisante analyse, la matière est obscure et combien, de plus, le mot de « renvoi » est malencontreux. Elle tient, en effet, à ce que les deux interprètes de la loi allemande entendaient le « renvoi » en des sens différents. M. Sieveking comprenait la « théorie du renvoi » comme l'avait construite la jurisprudence et comme la discutait l'Institut de droit international, et, de ce point de vue, il avait, selon moi, raison de nier que la loi allemande l'eût adoptée. M. de Bar entendait le « renvoi » au sens large et vague du mot, au sens où je l'examine en ce moment, et, lui donnant ce sens, il avait de son côté raison d'affirmer que la loi allemande en faisait une application. Il serait peut-être exagéré de dire, avec M. Sieveking, que le législateur allemand « prononce l'extension de la souveraineté ». Mais il me semble vrai que le législateur allemand, partant de l'idée que l'application dans un pays des lois étrangères est une concession faite par le souverain de ce pays, retire éventuellement la concession qu'il a faite, s'il arrive que tel législateur étranger n'en use pas, et recouvre alors l'intégralité du droit qui lui appartient d'appliquer aux étrangers ses propres lois.

Mais ni ces opinions de jurisconsultes ni ces dispositions de Codes étrangers ne doivent influer sur les juges français; car notre Code civil ne contient pas les réserves qui viennent d'être signalées et n'a pas été fait dans l'esprit d'où elles dérivent.

L'article 3, § 3, du Code civil français consacre purement et simplement dans ses grands traits l'ancienne théorie française

(1) *Annuaire de l'Institut de droit international*, t. XVIII, p. 153, 174 *in fine*.

(2) *Annuaire*, t. XVII, p. 224.

des statuts, dont l'origine remontait à une doctrine italienne formée, du XIIIe au XVIe siècle, par une série de jurisconsultes, la plupart italiens, quelques-uns français, surtout par l'italien Bartole et le français Dumoulin. Dans cette doctrine, l'état des personnes, leur capacité et leurs rapports de famille étaient soumis à la loi de leur domicile, non par courtoisie, cette idée ne s'était pas encore fait jour, mais dans un esprit de justice, au nom du droit. La doctrine italienne, à la vérité, s'était heurtée, vers la fin du XVIe siècle, à l'hostilité du jurisconsulte français d'Argentré; mais d'Argentré lui-même en avait retenu ce qui concernait le statut personnel, tout en le restreignant le plus possible, et, remarque importante, avait maintenu le statut personnel sur la base du droit. Ce furent, je l'ai déjà dit, les hollandais Voet et Huber qui, à la fin du XVIIe siècle, répudièrent l'idée du droit comme raison d'appliquer les lois étrangères, même en matière de statut personnel, et lui substituèrent l'idée de courtoisie. Qu'ils eussent entendu se séparer, sur ce point fondamental, de la théorie française, rien n'est moins douteux; Jean Voet, le théoricien de la nouvelle doctrine, l'exprime nettement; c'est avec la dernière énergie que, rompant avec l'un des disciples de d'Argentré, son compatriote Rodenburgh, il nie que le droit comporte l'application dans un pays d'une autre loi que celle de ce pays, en quelque matière que ce soit. Mais la doctrine de Voet s'imposa-t-elle en France? Nullement. Les auteurs français du XVIIIe siècle, particulièrement Boullenois et Bouhier, firent accueil à l'idée de courtoisie, mais pour l'associer à l'idée de justice, non pour en faire la base de leur système. Boullenois, notamment, traduisit et commenta l'ouvrage de Rodenburgh, sans en rejeter le principe, sans même faire allusion aux critiques dont il avait été l'objet de la part de Jean Voet (1).

C'est donc avec son caractère traditionnel, c'est-à-dire comme institution fondée sur le droit, que les auteurs du Code civil ont transporté dans notre législation positive et consacré la règle qui dans la théorie des statuts gouvernait le statut personnel. « On a toujours distingué, dit Portalis dans l'exposé des motifs (2), les lois relatives à l'état et à la capacité des personnes d'avec celles

(1) V., sur ces caractères de l'ancien droit, Lainé, *Introduction au droit international privé*; particulièrement II, p. 77-93; 99-107; 172 183.

(2) Locré, *Législation civile*, I, p. 579.

qui règlent la disposition des biens. Les premières sont appelées *personnelles* et les secondes *réelles*. Les lois personnelles suivent la personne partout ». Ce que le tribun Grenier, dans son rapport au Tribunat (1), développe en ces termes : « Les citoyens ne peuvent être régis personnellement que par les lois de la société dont ils sont membres. Ni eux, ni la société, ni leurs familles réciproquement, ne peuvent, sous prétexte d'absence ou de simple résidence dans un pays étranger, rompre les liens qui les unissent ». Il est vrai que c'est maintenant la nationalité, non plus le domicile, qui forme la base du statut personnel, mais la substitution de l'une à l'autre s'est imposée si naturellement, l'unité législative étant réalisée, que la remarque n'en est même pas faite.

M. de Bar, dans la session de l'Institut de droit international à Neuchâtel, a objecté qu'il n'est question dans l'article 3 du Code civil français que des Français eux-mêmes, qu'il n'y est rien dit de l'état et de la capacité des étrangers (2). D'après lui, « c'est simplement par analogie qu'on a admis que les étrangers seraient régis, quant à leur état et quant à leur capacité, par la loi de leur pays », et cette analogie n'existe plus lorsqu'on se trouve en présence d'un pays qui dit : « Je ne veux pas protéger mes nationaux, quant au droit privé, je les abandonne à la protection des lois du pays où ils iront habiter ». Selon M. Westlake aussi (3), le Code français n'a légiféré que pour ses nationaux, et c'est parce que le fait de substituer la nationalité au domicile était nouveau, inconnu des autres législations. M. Westlake pense que, si les auteurs du Code civil avaient songé au conflit de la loi du domicile avec la loi nationale, ils auraient fait ce qu'ont fait, depuis, les juges français.

Que des jurisconsultes étrangers, même éminents, se méprennent sur le sens des dispositions de notre Code civil, alors surtout qu'ils y constatent une lacune de nature à justifier en apparence leurs appréciations, cela se comprend fort bien. Mais il n'en est pas moins vrai qu'en interprétant ainsi la loi française ils ont commis une erreur.

J'avais déjà, à propos du projet de révision du Code civil franco-belge, précisé la signification de l'article 3, en ce qui concerne

(1) Locré, I, p. 801.
(2) *Annuaire de l'Institut de droit international*, t. XVIII, p. 156.
(3) *Annuaire*, t. XVIII, p. 165.

le statut personnel [1]. J'en ai fait, depuis, une autre étude plus approfondie [2]. Je crois avoir démontré de façon décisive que, malgré le silence à cet égard de l'article 3, notre législateur a soumis les étrangers, même domiciliés en France, quant à leur statut personnel, à leurs lois nationales. En effet, le silence de l'article 3, relativement au statut personnel des étrangers, s'explique par la suppression d'un texte, l'article 4 du projet primitif, qui les assujettissait en tout, pour leur personne, comme pour leurs biens situés en France, à la loi française. Et la suppression de ce texte eut lieu sur les observations du tribunal de Grenoble et du tribunal de cassation : le premier, s'étonnant que les étrangers fussent, quant à leur capacité, soumis en France à une autre règle que les Français à l'étranger; le second, déclarant que l'état et la capacité des étrangers ne pouvaient pas plus être modifiés par la loi française que l'état et la capacité des Français ne pourraient l'être par les lois étrangères. Si donc, par la suite, la disposition critiquée disparut, c'est que, de parti pris, l'on voulut ne pas soumettre les étrangers, en cette matière, à la loi française. Et Tronchet, l'un des membres les plus importants de la Commission du Gouvernement, président du tribunal de cassation, le déclara, plus tard, en disant : « L'étranger n'est pas soumis aux lois civiles qui règlent l'état des personnes ». Cependant, il faut bien qu'une loi les régisse. Quelle serait-elle, sinon leur loi nationale? N'est-ce pas le principe admis par notre législateur et dont il a fait expressément application au statut personnel des Français qui passent des actes juridiques en pays étranger? Aussi faut-il entendre en un sens général, bien qu'elles aient directement en vue les Français, les paroles de Portalis et de Grenier que j'ai rapportées ci-dessus : « Les lois personnelles suivent la personne partout... Les citoyens ne peuvent être régis personnellement que par les lois de la société dont ils sont membres ».

Et, qu'on le remarque bien, aucune réserve n'est faite pour la loi du domicile; toute influence lui est désormais retirée, quand, en matière de statut personnel, elle se trouvera concourir avec la loi nationale. De même que le texte, en parlant des Français

(1) *Étude sur le titre préliminaire du projet de révision du Code civil belge* (Bull. Soc. législ. comp., 1890, et brochure, p. 35).

(2) *La rédaction du Code civil et le sens de ses dispositions en matière de droit international* (Rev. dr. int. pr. et dr. pén. int., 1905, p. 21 et s.; surtout p. 25, 36, 41, 56).

en pays étranger, a pris le mot « résidant » dans son sens le plus large et statué à l'égard des Français même domiciliés hors de France, de même la disposition tacite que recouvre le silence du texte à l'égard des étrangers en France les régit sans réserve. Et c'est bien ce que nos tribunaux, après quelques hésitations, malgré leur secrète répugnance à l'application des lois étrangères, se sont vus forcés d'admettre.

Par conséquent, quoi qu'en dise M. Westlake, le législateur de 1804 n'aurait pas fait ce qu'ont fait — depuis vingt-cinq ans seulement, d'ailleurs — les juges français, s'il avait songé à la survivance de la loi du domicile, comme base du statut personnel, dans nombre de pays. Ce n'est pas non plus parce que la substitution de la loi nationale à la loi du domicile était chose nouvelle que les auteurs du Code civil se sont abstenus d'appliquer expressément aux étrangers leur loi nationale, c'est uniquement par timidité : ce qui les fit hésiter dans leur œuvre, ce fut non pas la nouveauté du principe de la nationalité, qui s'imposait, mais la nouveauté de leur œuvre elle-même ; ce fut qu'ils n'avaient pas, sur ce terrain difficile, encore mal aplani, du droit international privé, la confiance qu'ils éprouvaient à l'égard d'autres matières mieux préparées. Cependant, s'ils n'ont pas osé articuler nettement ici leur pensée, elle n'en est pas moins, au fond, pour qui prend la peine de la chercher, certaine. Et, quant au fait que les autres pays, où la législation n'était pas encore unifiée, gardaient à la base du statut personnel la loi du domicile, ils n'y songèrent même pas; leurs esprits n'étaient aucunement tournés vers la législation comparée. Ils avaient assez à faire de déterminer dans l'article 3 l'étendue d'application de la loi française; ils ne s'inquiétaient guère des systèmes étrangers de nature à contrarier le leur.

Par conséquent aussi, M. de Bar a bien tort de croire que le législateur de 1804, mis en présence d'un législateur étranger lui demandant d'appliquer à ses sujets la loi française, y aurait consenti. Tronchet, que cette requête eût certainement surpris, lui aurait répondu : « les lois françaises relatives à l'état et à la capacité des personnes sont faites pour les Français, non pour les étrangers ». M. de Bar [1] a dit, en se déclarant sur ce point parfaitement d'accord avec les adversaires du renvoi : « En ce qui concerne la compétence de ses propres lois, la règle du législa-

(1) *Annuaire*, t. XVIII, p. 154 *in fine*.

leur est toujours absolue ; il est incontestable qu'on violerait la souveraineté si l'on admettait, dans ce cas, que la règle pût être limitée par la disposition de la loi étrangère ». C'est très juste. Mais l'incompétence est le revers de la compétence et la volonté du législateur, à ce point de vue, n'est pas moins absolue, souveraine. Conformément à ce double principe, notre législateur a posé ces deux règles, qui en sont l'une et l'autre des corollaires : D'une part, la loi française est compétente à l'effet de régler le statut personnel des Français résidant (ou même domiciliés) en pays étranger; et ce serait vainement qu'un législateur étranger proscrirait à ses juges d'y appliquer ses propres lois; il le ferait vainement, en ce sens du moins que de tels jugements n'obtiendraient pas force exécutoire en France. Par contre, la loi française est incompétente à l'effet de régler le statut personnel des étrangers résidant (ou même domiciliés) en France, et ce serait vainement qu'un législateur étranger en demanderait, de manière expresse ou tacite, à nos tribunaux l'application; les juges français devraient s'y refuser.

Tel est le caractère des règles du droit international français relativement au statut personnel soit des Français en pays étranger, soit des étrangers en France : elles sont rigoureuses, impératives. Les juges français sont donc aussi infidèles à cette partie de notre législation lorsqu'ils appliquent la loi française aux étrangers, sous prétexte de « renvoi », qu'ils le seraient s'ils appliquaient les lois étrangères aux Français pour leurs actes passés à l'étranger, sous prétexte que le droit international étranger n'est pas le même que le nôtre.

V

A l'opposé de la théorie qui déclare strictement et absolument territoriales les lois de chaque pays, mais en admettant à titre de tempérament fondé sur la courtoisie l'application des lois étrangères, une conception nouvelle du droit international privé s'est fait jour, il y a une trentaine d'années, en Italie. L'auteur en a été l'éminent professeur et homme politique Mancini [1]. Se plaçant à un point de vue diamétralement contraire à celui où

(1) V. principalement une dissertation intitulée : *De l'utilité de rendre obligatoires un certain nombre de règles générales du droit international privé....*, J. dr. int. pr., 1874, p. 221 et s., 285 et s.

s'étaient mis autrefois les Voet et les Huber, Mancini considère que la nationalité des personnes doit être pour la solution du conflit des lois le principe dirigeant, que par conséquent il faut que chaque individu soit partout admis à observer en tout sa loi nationale, en tout, sauf sur les points où sa loi nationale se heurterait, dans le pays où il se trouve, au droit public ou à l'ordre public. « A nos yeux, dit Mancini [1], le *droit civil privé* est personnel et national et, comme tel, doit accompagner la personne, même hors de sa patrie ; le *droit public*, au contraire, est territorial : il plane sur le territoire et sur tous ceux qui l'habitent, indigènes ou étrangers sans distinction ».

Des auteurs français se sont ralliés à cette doctrine. Et voici la conséquence que, relativement à la « question du renvoi », l'on en a déduite : il appartient au législateur d'un pays de suivre ses nationaux à l'étranger et, là, de les soumettre à telles lois qu'il juge le mieux leur convenir ; il peut les assujettir à leurs lois nationales, celles qu'il a faites lui-même ; il peut également leur prescrire d'observer les lois étrangères locales, soit à raison de leur domicile, soit pour une autre cause. D'où il résulte que, là où des étrangers sont en instance judiciaire au sujet de leur état, de leur capacité, de leurs rapports de famille, là aussi où s'ouvrent des successions laissées par des étrangers, les juges doivent s'informer des règles de conflit édictées par leurs souverains nationaux et s'y conformer. Si donc, d'après ces règles, les étrangers sont soumis aux lois de droit interne locales, ce sont ces lois qui doivent leur être appliquées.

Tel est le sentiment que professe mon collègue M. Weiss, en y mêlant, toutefois, d'autres idées [2]. « Il est, selon nous, dit-il, un cas dans lequel la loi du domicile prendra la place qui appartient de droit à la loi nationale de l'étranger : c'est lorsque cette dernière aura elle-même renoncé, en sa faveur, à son empire exclusif sur ceux qu'elle gouverne, aura elle-même soumis à la loi du lieu où ils ont fixé leur principal établissement la solution des litiges auxquels ils peuvent se trouver intéressés ou mêlés. Le Code civil italien dispose, dans son article 6, que « l'état et la capacité des personnes et les rapports de famille

(1) *Loc. cit.*, p. 297.

(2) *Traité théorique et pratique de droit international privé*, III, p. 77. V. aussi *Manuel de droit intern. privé*, 1905, p. 394.

sont réglés par la loi de la nation à laquelle elles appartiennent ». Ce texte... pose une règle générale; il vise non seulement l'Italien qui s'expatrie, mais encore l'étranger qui se trouve, avec ou sans esprit de retour, sur le sol italien; à l'un comme à l'autre il applique les dispositions de leurs lois nationales respectives. Mais que l'étranger domicilié en Italie se rattache précisément par sa nationalité à un pays, tel que l'Angleterre, dont la législation repose sur le domicile et laisse à la loi du domicile, cette loi fût-elle une loi étrangère, le soin de fixer l'état et la capacité de ses ressortissants, nous n'hésitons pas à dire que c'est cette dernière seule qui doit être prise en considération par le juge italien; ce n'est pas la loi anglaise, loi nationale de l'étranger, qu'il appliquera à son état, à sa capacité, à ses relations de famille, c'est la loi italienne, loi de son domicile ».

M. Labbé, d'avance, avait réfuté cette doctrine; car, tout en s'adressant particulièrement à ce que j'ai nommé le « renvoi proprement dit », ses considérations sur le conflit des règles législatives relatives au conflit des lois sont tellement générales qu'elles ruinent toute théorie conduisant au même résultat.

« Pour justifier, avait-il dit, le système qui répudie le renvoi à la loi du domicile d'une décision demandée à la loi nationale de l'une des parties, il suffit de définir exactement l'intention de la loi qui place une question sous l'autorité d'une loi étrangère. Quel est le principe, quel est le sens de cette décision?

« Cette décision signifie-t-elle : Nous, législateur français, sous l'empire duquel le procès s'agite, nous avons le droit de ne consulter que notre propre loi. Mais nous avons la condescendance d'accepter la solution que dicte la loi étrangère. Pourtant, si le législateur étranger ne tient pas à faire prévaloir sa volonté, nous rentrons dans la plénitude de notre souveraineté?

« Si l'on écarte l'idée de la courtoisie pure ou intéressée, nous ne voyons guère pour arriver au même résultat que le motif suivant : Nous, législateur français, qui avons à tracer à nos juges leur devoir, nous abdiquons, nous renonçons à remplir cette mission, nous sommes indifférent sur le point de savoir quelle loi est applicable au litige. Nous nous en rapportons, à cet égard, à la loi étrangère. Si ce n'est la courtoisie ou l'intérêt, le mobile serait-il donc l'indifférence?

« Ou bien signifie-t-elle : Nous estimons qu'il est d'une bonne justice que tel point de droit soit déterminé par telle loi mieux placée que toute autre pour apprécier les conditions d'où la règle juridique doit dériver. Nous disons, en conséquence, comme c'est notre devoir : telle loi est applicable. Notre juge a une voie certaine à suivre. La capacité de la personne, la dissolubilité du mariage, la dévolution de la succession doit, en raison, être régie par la loi que nous désignons. Peu importe que la loi étrangère n'adopte pas le même principe sur la détermination de la loi compétente. Nous ne nous inclinons pas devant la loi étrangère pour accepter d'elle une théorie de droit des gens. Nous empruntons à la loi étrangère la solution d'un point de droit relatif au fond du litige et nous disons à nos juges : telle est, suivant nous, la solution juste et correcte, la solution que nous sanctionnons de notre autorité, la solution que nous vous ordonnons d'observer. Selon notre conception réfléchie, la capacité de la personne ne doit pas varier suivant le lieu de la juridiction compétente pour connaître d'un litige, suivant la situation de l'immeuble acquis ou aliéné. La dissolubilité du mariage ne doit pas varier au gré des parties qui, de leur seule volonté, transportent leur domicile au delà d'une frontière, au gré de l'un des époux qui change de nationalité. Les meubles, au point de vue successoral, doivent être réputés situés au lieu où le défunt avait le siège régulier de ses affaires, son principal et normal établissement, le centre légal de son activité. Telle est notre doctrine, notre décision législative. Nous n'attendons pas d'un législateur étranger qu'il nous instruise, qu'il nous dirige. Nous avons et nous indiquons à nos juges un principe, une ligne de conduite, une source claire et directe de décision.

« Il ne nous semble pas difficile d'opter entre ces deux manières de voir ainsi définies et motivées. La seconde seule est digne d'un législateur. Qu'en présence d'une question touchant au fond du droit..., pour la solution de laquelle un conflit s'élève entre la loi du lieu du litige et une loi étrangère, le législateur du juge appelé à statuer se désintéresse... N'est-ce pas de la part de ce législateur se démettre de sa fonction et ruiner son autorité? L'attitude prise est beaucoup plus noble et rationnelle quand un législateur, ne croyant pas juste de faire peser inexorablement le même niveau sur tous les plaideurs, sans égard à leur nationalité, fait des distinctions et à chaque nature de litige ou de question déclare impérativement la loi applicable. Il n'abdique pas; il se prononce. Il ne prétend pas à une compétence universelle pour la décision des difficultés; toutefois, il ne cesse en aucun cas de diriger les juridictions qui relèvent de lui en leur inspirant non une décision de hasard et de rencontre, mais une décision raisonnée découlant d'un principe par lui posé d'une façon intelligente et scientifiquement motivée. Cette marche est nette, ferme et digne de celui qui, ayant autorité et souveraineté, doit, en l'exerçant, faire œuvre de raison... »(1).

Voilà quels sont, d'après M. Labbé, les titres que peut faire valoir le législateur du pays où se débat le litige pour demeurer maître de résoudre le conflit suivant ses propres vues. Voilà, par conséquent, les raisons qui militent à l'appui du système de droit international que s'est fait ce législateur, les raisons qui en justifient à l'égard des systèmes étrangers la prééminence. A cette argumentation, quelle est la réplique des adversaires?

M. Weiss (2) résume fidèlement, mais très succinctement, la thèse qui vient d'être rapportée et fait connaître en outre l'opinion conforme de notre collègue M. Pillet, conçue dans les termes suivants : « Lorsque l'on dit que le statut personnel d'un individu est déterminé par sa loi nationale, cela ne signifie pas que ce sera à sa loi nationale de déterminer quel statut personnel on lui donnera, cela signifie que les dispositions de cette loi serviront de statut personnel. En décider autrement, c'est décider implicitement que, sur la question de détermination du statut personnel, la France est liée à la manière de voir d'un pays étranger, quand bien même cela devrait contrarier les doctrines reçues en France sur la question, et cette idée est absolument contraire à l'égalité respective, à l'indépendance des États dans la détermination des règles du droit international(3) ».

Mais M. Weiss déclare n'être aucunement touché des raisons alléguées par MM. Labbé et Pillet et par conséquent ne tente même pas de les réfuter. Il se borne à y opposer sa propre manière de voir. Sa doctrine, au reste — j'en ai déjà plusieurs fois fait la remarque, — est de nature mixte; elle participe, à la fois : premièrement, de la théorie de Mancini; secondement, de l'idée que l'application des lois étrangères s'explique par une concession courtoise de l'État qui les admet à l'État d'où elles provien-

(1) *J. dr. int. pr.*, 1885, p. 10 *in fine* à 12.

(2) *Tr. théor. et prat...*, III, p. 80; *Manuel...*, 1905, p. 368.

(3) Pillet, *Essai d'un système général de solution des conflits de lois* (J. dr. int. pr., 1894, p. 721).

nent, concession caduque du moment qu'elle est déclinée; troisièmement enfin, de la théorie du « renvoi proprement dit », sous sa forme à mes yeux la moins acceptable. Voici, en effet, comment M. Weiss répond à la thèse adverse : « En vérité, nous avouons ne pas comprendre de pareils scrupules; nous avouons ne pas comprendre en quoi la dignité du législateur italien se trouvera amoindrie par l'application de la loi italienne à l'état et à la capacité d'un sujet anglais domicilié dans son ressort, à l'exclusion de la loi anglaise elle-même. Les règles que le Code civil italien a jugées propres à résoudre les conflits internationaux de législation n'en reçoivent aucune atteinte. Ces règles ont pour objet de concilier les droits de la souveraineté de la loi locale et ceux de la souveraineté personnelle de la loi à laquelle ressortit l'étranger. Mais, dès que cette dernière ne réclame pas tous les avantages qui lui sont offerts, dès qu'elle s'en remet à la loi du domicile, comme à la plus convenable au litige, dès qu'elle consent à ne pas protéger elle-même son national, le rôle du législateur local n'est pas d'imposer à celui-ci une protection que son propre pays lui refuse. A vrai dire, il n'y a plus de conflit de lois; le conflit est dénoué d'un commun accord. Et, lorsque le juge italien applique au sujet anglais dont les droits sont en suspens devant lui la loi de son domicile italien, il ne contrevient nullement à l'article 6 du Code civil; il lui applique, en réalité, sa loi nationale, la loi anglaise, puisque c'est cette loi elle-même qui consacre le renvoi à la loi du domicile ».

Puisque l'argumentation de notre commun maître, à mes yeux si puissante, n'a produit aucune impression sur l'esprit de mon collègue M. Weiss, je ne puis espérer mieux réussir à le convaincre. J'ai d'ailleurs, déjà, dans les pages précédentes, exposé pourquoi ni le « renvoi proprement dit », ni la théorie qui, partant de l'idée de courtoisie, mène au même résultat ne me paraissent admissibles. Je ferai, toutefois, remarquer en outre qu'alléguer, comme le fait ici M. Weiss, que l'application dans un pays des lois mêmes de ce pays, bien que le législateur les ait écartées, loin de heurter et d'altérer la souveraineté locale, s'harmonise avec elle, en lui faisant produire ses effets, c'est s'abandonner encore à une illusion. Le législateur local, en effet, le législateur italien par exemple, qui soumet les étrangers à leurs lois nationales, entend les soustraire aux siennes ou ne pas leur en accorder le bénéfice; n'est-ce donc pas aller à l'encontre de sa volonté que de lui imposer l'obligation de leur appliquer les lois qu'il a jugé ne pas leur convenir? Il s'est fait un droit international propre; n'est-ce pas le contrecarrer que de substituer à son système celui des autres législateurs? Dire qu'en appliquant en Italie la loi du domicile, au lieu et place de la loi nationale prescrite par l'article 6 des dispositions générales du Code civil, « on ne contrevient nullement à cet article »; dire que « les règles que le Code civil italien a jugées propres à résoudre les conflits internationaux de législation ne reçoivent aucune atteinte », alors qu'elles sont remplacées par des règles contraires; dire que ces règles « ont pour objet de concilier les droits de la souveraineté locale avec ceux de la souveraineté personnelle de la loi à laquelle ressortit l'étranger », tandis qu'elles sont établies par le législateur italien dans le plein exercice de sa souveraineté, sans aucune entente avec les autres législateurs, n'est-ce pas émettre des assertions non seulement bien hasardées et paradoxales, mais vraiment contraires à la réalité des choses? Est-ce qu'une explication, du moins, n'eût pas été nécessaire?

Cette explication, M. Pasquale Fiore, professeur à l'Université de Naples, dans la dissertation à laquelle je me suis déjà référé (1), nous la donne, en tirant hardiment de la doctrine de Mancini toutes les conséquences qui, relativement à la « théorie du renvoi », peuvent s'en déduire. C'est le plus grand effort qui ait été fait pour justifier la « théorie du renvoi » de façon scientifique. Et la tentative est pour moi doublement intéressante : elle ne démontre pas la vérité de la « théorie du renvoi »; elle démontre, au contraire, la fausseté de la doctrine italienne moderne sur laquelle on a cru pouvoir fonder le devoir pour les États de reconnaître mutuellement dans leur territoire une certaine influence aux lois étrangères; car l'application que l'on fait ici de cette doctrine, application parfaitement logique, mais inacceptable, est la meilleure preuve que la doctrine elle-même n'est pas fondée.

Quoi qu'il en soit d'ailleurs de son issue, le débat sur le « renvoi », de recherches en recherches poursuivies pour alimenter d'arguments nouveaux la controverse, a fini par mettre en cause

(1) *Du conflit entre les dispositions législatives de droit international privé* (J. dr. intern. priv., 1901, p. 424 et s., 681 et s.).

deux conceptions générales et contraires du droit international privé, les plus importantes qui soient à l'heure actuelle. Et, du jour où l'on a cru nécessaire d'approfondir le sujet, nul doute que l'on ne dût en venir là. En effet, pour qui ne se contente pas de vues superficielles, mais veut aller au fond des choses, la question du « renvoi » n'est rien de moins que la question de savoir de quelle manière il faut comprendre l'application dans un pays, en certaines matières, non pas des lois de ce pays, mais de celles de tel ou tel pays étranger, phénomène qui constitue l'essence même du droit international privé. Or, la solution du problème ainsi posé dépend elle-même de l'exacte et saine intelligence, relativement au conflit des lois, du principe qui domine le droit international privé tout entier : la souveraineté respective des États. Quelle est la nature, quel est le rôle, quels sont les devoirs de la souveraineté de l'État dans le domaine du droit international privé, voilà ce qu'il importe avant tout de savoir.

M. Fiore, donc, en plaçant à la base du débat l'idée de souveraineté, l'a posé sur son véritable terrain. C'est aussi ce qu'avait fait M. Labbé. Le rejet ou l'acceptation du « renvoi » sera, désormais, l'expression, la conséquence de l'une ou de l'autre des deux conceptions contraires de la souveraineté.

Cependant, ce n'est pas ainsi que M. Fiore présente au lecteur la controverse qu'il engage. L'objet en serait, suivant lui, simplement, de préciser le devoir du juge, considéré comme interprète et exécuteur de la loi. M. Fiore (1) s'attache aux termes dans lesquels M. Labbé déclare exprimer le résumé de son opinion, les suivants : « Il appartient au législateur sous l'autorité duquel est placé le juge saisi d'une affaire de déterminer la loi applicable à la cause. Lorsqu'il a désigné une loi étrangère pour la solution d'une question, le juge n'a plus à demander au législateur étranger quelle est la loi applicable; il le sait. Il n'a plus qu'à emprunter à cette loi la solution de la question du procès, condition de capacité, règlement de succession ou cause de divorce ». Or, ce n'est pas là, suivant M. Fiore, le point à débattre : « Il est essentiel de noter qu'il ne s'agit pas de savoir si le juge de l'État doit reconnaître la force impérative de la loi du législateur national, ni de dire si, après que le souverain d'un État a proclamé une loi, ses tribunaux peuvent ne pas l'ap-

(1) *Loc. cit.*, p. 438, n° 14.

pliquer. Il s'agit, au contraire, de savoir quelle portée le juge doit reconnaître à la disposition légale, comment il doit entendre la limite de l'autorité de la loi d'après la volonté présumée du législateur de son pays ». Et voici en quels termes l'auteur développe cette idée : « Le magistrat ne peut incontestablement pas se soustraire à l'empire du droit territorial; en d'autres termes, il ne saurait méconnaître la force obligatoire des lois de son pays. Cependant quand, au sujet d'un rapport juridique donné, des règles de droit non uniformes se trouvent en concurrence, celle admise par la loi nationale et celles consacrées par des lois étrangères, il nous semble que le juge ne peut pas se dispenser d'appliquer la règle qui doit régir le rapport juridique. Si indubitablement il ne peut pas se soustraire à la force impérative du droit local, il doit néanmoins, en l'appliquant, le considérer comme établi d'après les principes de la compétence du législateur de son pays et dans les limites de cette même compétence. Il ne pourrait pas en effet admettre que ce législateur ait pu entendre régler un rapport juridique au delà des limites de sa compétence ».

Je reviendrai plus tard sur cette assertion, dont la hardiesse est étonnante. Je me borne pour le moment à remarquer qu'exposer ainsi la question, c'est intervertir l'ordre naturel des idées. Avant de dire quels sont le devoir et le droit des juges, il faut déterminer ceux des législateurs, puisque les juges — M. Fiore le reconnaît lui-même — sont institués pour appliquer les lois. Le problème est donc bien tout d'abord de savoir comment il faut entendre la souveraineté respective des États, source, en matière de législation, de leurs pouvoirs. C'est le législateur que M. Labbé, tout à l'heure, interrogeait. Mais il ne s'adressait, pour connaître sa pensée, qu'au législateur du pays où s'est élevé le conflit de lois. Il lui demandait si, en déclarant applicable une loi étrangère, il avait entendu faire une offre courtoise, qui, déclinée, deviendrait caduque, ou se désintéresser du conflit, ou le résoudre dans le plein exercice de sa souveraine puissance. Il ne lui était pas venu à l'esprit que le législateur étranger pût contester au premier son droit et prétendre à le primer. C'est au contraire cette intention que M. Fiore va prêter au législateur étranger et déclarer légitime. Ainsi, comme je l'annonçais, deux conceptions générales du droit international privé vont s'opposer l'une à l'autre et, par là même, la question du « renvoi » va s'élargir, se transformer et se confondre avec celle de savoir ce qu'est le droit international privé dans son essence.

Eh bien, de ce haut point de vue, le système de M. Fiore, directement et logiquement issu de la doctrine de Mancini, consiste à distinguer la compétence législative, en d'autres termes la souveraineté appliquée à la confection des lois, « dans ses rapports avec le territoire et dans ses rapports avec les personnes », c'est-à-dire selon qu'il s'agit du statut réel ou du statut personnel (1). Est-il question du premier, « la compétence législative doit être attribuée absolument et exclusivement au souverain de chaque État, en vertu de son domaine éminent sur tout le territoire; tout souverain doit donc être réputé exclusivement compétent pour édicter les lois qui concernent les choses et leur condition juridique, en tant que ces choses font partie du territoire, et pour promulguer les lois sauvegardant les droits de l'État, les droits et les intérêts de la société et la sûreté des particuliers; ces lois doivent être considérées comme étendant leur autorité à tout le monde, aussi bien aux étrangers qu'aux citoyens ». Mais, dans le domaine du statut personnel, qui comprend l'état et la capacité des personnes, leurs rapports de famille et la transmission de leur patrimoine à leurs héritiers, c'est la nationalité qui détermine la compétence législative. A cet égard, donc, « il faut admettre en principe que chacun doit être réputé soumis à la loi de son pays » (2).

Soit. Mais en quel sens? M. Fiore précise. A ses yeux, de la compétence législative concernant le droit interne dérive la compétence législative en ce qui regarde le droit international, ou plutôt elles se confondent en une seule et même compétence (3). De même que, en matière de statut réel, il appartient au souverain territorial d'écarter de son territoire toutes règles étrangères de droit international différentes des siennes, en sorte que ses juges n'en doivent tenir aucun compte, de même le souverain national n'a pas seulement le droit de régler l'état de ses sujets et tout ce qui s'y rattache, mais, au cas de concours de ses lois internes avec les lois internes des autres pays, c'est de lui et de lui seul que dépend, même hors de son territoire, la solution du conflit (4).

(1) *Loc. cit.*, p. 439, n° 15.
(2) *Loc. cit.*, p. 681, n° 17.
(3) *Loc. cit.*, p. 692, n° 24.
(4) *Loc. cit.*, p. 681 et s., n°s 17 et s., surtout n° 21.

Ce sont là, dit M. Fiore, des principes incontestables. Et voici quelle en sera la conséquence, lorsqu'en Italie, au sujet de l'état et de la capacité d'étrangers s'y trouvant domiciliés, le législateur national de ces étrangers, par exemple le législateur anglo-américain, les soumettra aux lois de leur domicile. Comme c'est à lui qu'appartient exclusivement et à tous les points de vue la compétence législative, comme « aucun autre souverain ne peut, sans violer les justes principes du droit, usurper cette compétence », on devra résoudre d'après son système le conflit de la loi de droit interne italienne avec la loi de droit interne étrangère, par conséquent appliquer la loi italienne en tant que loi du domicile. « Il est clair, en effet, dit M. Fiore, que lorsque le souverain d'un État, en réglant, en vertu de sa compétence législative, les rapports qui résultent de la soumission des personnes à la loi, a disposé que, lorsque le citoyen abandonne son domicile d'origine pour s'établir à l'étranger, le rapport existant entre ce citoyen et la loi régulatrice de sa condition civile et de sa succession doit être considéré comme modifié, même quand ce changement de domicile ne lui fait pas perdre sa nationalité d'origine, cette disposition législative doit s'appliquer d'une façon absolue aux individus soumis à l'autorité du législateur[1]. Le juge ne peut passe dispenser d'admettre que le citoyen de cet État, qui ne peut nullement ignorer la loi de son propre pays, sait que, pour se soumettre, par exemple, à la loi italienne, il n'a pas besoin de rompre entièrement les liens qui l'unissent à sa patrie d'origine en devenant citoyen italien, mais qu'il lui suffit d'établir son domicile en Italie pour être régi par la loi de ce pays relative à l'état personnel et à la transmission du patrimoine[2] ». Et plus loin[3] : « Cette compétence (la compétence législative) à l'égard des personnes doit être attribuée au souverain de l'État dont elles dépendent. Il appartient, dès lors, au souverain de chaque État de formuler les règles qui concernent les rapports des citoyens avec la loi et de dire si ces rapports doivent être modifiés à la suite de certains faits accomplis volontairement par les citoyens. Or, si le souverain d'un État étranger a disposé, en principe, que les rapports du citoyen avec

(1) *Loc. cit.*, p. 686.
(2) *Loc. cit.*, p. 686.
(3) *Loc. cit.*, p. 688.

la loi de cet État peuvent être modifiés par l'effet de la circonstance du domicile établi à l'étranger, non à l'égard du statut public et des droits politiques qui en résultent, mais en ce qui concerne la condition civile et les droits privés, en déclarant que cette condition et ces droits devront être régis par la loi du domicile et que, par exemple, cette loi s'appliquera à la succession mobilière, pourra-t-on, alors, sans méconnaître les principes de la compétence législative, décider que ces dispositions du législateur étranger ne devront avoir aucune autorité à l'égard de ses nationaux et admettre, par application de la loi italienne qu'on leur imposera, que la validité de leur testament et la dévolution héréditaire de leur patrimoine mobilier devront être appréciées d'après leur loi nationale et non d'après la loi de leur domicile »?

De même, si l'on met en présence, relativement à la succession mobilière, l'article 8 des Dispositions générales du Code civil italien, qui la soumet à la loi nationale du défunt, et l'article 3283 du Code civil argentin, qui la fait régir par la loi du domicile, et si les tribunaux italiens sont appelés à statuer sur la succession mobilière d'un citoyen de la République Argentine domicilié, à sa mort, en Italie, la règle locale devra s'effacer devant la règle étrangère et par conséquent la succession sera dévolue conformément à la loi italienne, en tant que loi du domicile (1).

Ce n'est pas, dit M. Fiore (2), qu'un renvoi s'effectue : « A nos yeux, il n'y a lieu ni de renvoyer ni de ne pas renvoyer; il s'agit seulement de reconnaître que la condition civile de chacun et les droits privés qui en résultent, en y comprenant ceux qui ont trait à la continuation de la personne au moyen de la succession, doivent être déterminés et réglés d'après la loi que s'est donnée l'État auquel appartient l'individu ».

Le juge italien devra donc, d'après cela, pour se conformer aux principes de la compétence législative, appliquer la règle de droit international prescrite à l'égard de l'étranger par le législateur de son pays. Cependant ce juge se trouve également en présence de la règle de droit international posée par son propre législateur, et cette règle, contraire à l'autre, il doit aussi l'observer. M. Fiore le reconnaît expressément. N'est-ce pas contradictoire? Comment l'auteur va-t-il concilier deux devoirs si

(1) *Loc. cit.*, p. 694, nº 25.
(2) *Loc. cit.*, nº 25.

manifestement incompatibles? Sa réponse [1] est que le juge italien doit interpréter la pensée du législateur de son pays et que la pensée de ce dernier n'a pu être qu'une référence aux règles posées par le législateur étranger sur le conflit, puisqu'ainsi le veut le droit international, puisque la compétence en la matière appartient à ce législateur, à raison de sa souveraineté personnelle [2]. Il dit, notamment [3] : « Nous n'entendons cependant pas soutenir que la règle consacrée par notre législateur national ne doive pas avoir une autorité absolue et impérative pour le juge italien. Nous disons seulement que cette règle doit être appliquée d'après les justes principes, le magistrat devant observer la règle de droit international privé formulée dans le Code civil en présumant qu'elle a été décrétée dans les limites de la compétence de notre législateur ».

Tel est le système que M. Fiore présente comme incontestable. Il est, à mes yeux, le renversement des bases fondamentales sur lesquelles reposent et, dans chaque pays, les rapports du juge avec le législateur et, dans le domaine du droit international, les droits respectifs des divers États.

Comment! Le juge italien, en présence d'une disposition législative qui manifestement soumet à la loi interne d'Angleterre le statut personnel d'un Anglais, doit se demander si le législateur duquel il relève a bien observé, en statuant ainsi, la mesure de sa compétence, et, possédant à cet égard à la fois des lumières et une autorité supérieures, il pourra et même devra considérer que le législateur italien n'a pas pu se permettre de disposer au sujet du statut personnel de cet étranger, qu'au législateur étranger seul appartient ce pouvoir; puis, partant de là, il pourra et même devra, de son chef, remplacer la règle de droit international italienne par la règle de droit international anglaise! Mais procéder ainsi, ce ne serait de la part du juge italien rien de moins que s'ériger en législateur suprême, ayant mission de reviser l'œuvre du législateur ordinaire, en vertu de principes théoriques et rationnels auxquels il ploierait les lois positives. Le juge, sans doute, a le droit d'interpréter la loi, mais, en agissant comme l'y invite M. Fiore, ce ne serait

(1) *Passim*. V. surtout p. 437 *in fine* et 438.
(2) *Loc. cit.*, p. 685, n° 20.
(3) *Loc. cit.*, p. 698.

pas une interprétation de la loi qu'il donnerait, ce serait une profonde modification qu'il y apporterait. L'interprète recherche l'intention qu'a eue le législateur, non pas celle qu'il aurait dû avoir. L'interprète fait abstraction de sa théorie personnelle, pour tâcher de découvrir celle dont s'est inspiré le législateur; il n'a pas à comparer ces deux théories l'une à l'autre. Si, le faisant et considérant la sienne comme la meilleure, il la substitue, pratiquement, effectivement, à celle du législateur, de manière à faire dire à ce dernier le contraire de ce qu'il a dit, il n'applique pas, il refait la loi. Comment M. Fiore peut-il dire que le juge, en comprenant ainsi son rôle, reconnaîtrait que « la règle consacrée par le législateur italien doit avoir pour le juge italien une autorité absolue et impérative? » Donc, alors même que la théorie sur les droits respectifs des États que préconise M. Fiore, disciple de Mancini, serait la vérité, il n'appartiendrait pas aux juges de s'en faire un critérium pour contrôler, corriger et par conséquent dénaturer l'œuvre actuelle des législateurs. Ce serait à ceux-ci et seulement à eux de s'en inspirer à l'avenir.

Mais quelle est la valeur de cette théorie? Le principe en est inadmissible, parce qu'il est la négation du véritable principe sur lequel est fondé le droit international tout entier, savoir le caractère territorial de la souveraineté respective des États. M. Fiore prétend avec insistance et, d'après lui, c'est incontestable, que la compétence législative, en matière de statut personnel, appartient au souverain national, même quand il s'agit de régler le conflit de ses lois avec les lois étrangères hors de son territoire. Eh bien, c'est là précisément ce que je conteste, avec une conviction non moins ferme.

Je n'oserais pas aller jusqu'à dire, avec MM. Catellani(1) et Bartin(2), que, dans chaque pays, les règles du droit international concernant le conflit des lois font partie du droit public. Mais je crois, du moins, pouvoir affirmer, contrairement à l'opinion de M. Fiore, que la compétence législative, en droit international privé, ne saurait avoir un caractère différent selon

(1) *Del conflitto fra norme di Diritto internazionale privato*, p. 58 (cité par Fiore, *loc. cit.*, p. 690).

(2) Note sous le jugement du tribunal de Dieppe en date du 2 avril 1896 (D. 1898, 2, p. 281).

qu'elle concerne le statut personnel ou le statut réel, qu'à tous égards elle est absolument et strictement territoriale. De quoi s'agit-il, en effet, sinon pour chaque État de déterminer l'étendue de l'application de ses lois internes, au cas où certaines circonstances les mettent en contact et en concours avec les lois étrangères de même nature, et par là de tracer le devoir des juges? Or, il en a le pouvoir, quand il se tient dans les limites de son territoire et s'adresse à ses tribunaux, pour toutes ses lois internes, quelles qu'elles soient; mais, par contre, il n'en a le pouvoir, s'il franchit les bornes de son territoire et s'adresse aux tribunaux étrangers, pour aucune de ses lois.

On prétend distinguer deux sortes de souveraineté : l'une réelle et territoriale; l'autre personnelle et extraterritoriale. A mes yeux, il n'existe qu'une seule souveraineté, laquelle est territoriale; car le pouvoir que l'on désigne sous le nom de souveraineté personnelle et extraterritoriale n'est pas, hors du territoire, une véritable souveraineté, parce qu'il y manque de toute force effective. Il suffit, pour s'en rendre compte et s'en convaincre, d'analyser avec attention quelque disposition législative issue de ce que l'on nomme la souveraineté personnelle et extraterritoriale, par exemple le § 3 de l'article 3 du Code civil français, portant que « les lois concernant l'état et la capacité des personnes régissent les Français, même résidant en pays étranger ». Que signifie ce texte ? Il retient, il est vrai, sous l'empire des lois françaises, en matière d'état et de capacité, les Français résidents ou même domiciliés en pays étranger, c'est-à-dire que ces Français, tout en accomplissant à l'étranger des actes juridiques, devront néanmoins, pour ces actes, observer leurs lois nationales. Mais où et de quels juges cette règle recevra-t-elle sa sanction? Sur le territoire étranger et de la part des tribunaux étrangers? Nullement. Ces derniers ne doivent obéissance qu'à leur propre législateur et si, dans leur pays, le système de droit international est différent, c'est lui qu'ils appliqueront, non pas le système français. C'est donc uniquement en France, lorsque les actes accomplis en pays étranger seront déférés à la justice française, que la règle dont il s'agit produira son effet. A la vérité, le jugement étranger qui, par suite de sa conformité avec la règle locale concernant le conflit des lois, serait contraire à la loi de droit interne française ne recevrait pas force exécutoire en France. Mais ce ne serait pas à raison d'une violation du droit international, aucun reproche à cet égard ne pouvant lui être adressé, ce serait simplement parce que l'observation de la loi française est en France d'ordre public, en matière d'état et de capacité, pour les Français, et que les jugements étrangers, si irréprochables qu'ils soient à tous autres égards, ne peuvent être rendus exécutoires par nos tribunaux si l'ordre public s'y oppose. Voilà quel est le sens, pour les Français, de l'article 3 du Code civil. C'est aussi le sens, pour les Italiens, de l'article 6 des Dispositions générales de leur Code. A l'inverse, le législateur anglais ou danois peut déclarer que les Anglais ou les Danois domiciliés en France y seront régis, quant à leur statut personnel, par la loi française, en tant que loi de leur domicile. Mais, si ce n'est pas une simple faculté qu'il leur accorde, si, chose invraisemblable, c'est une injonction qu'il leur adresse, l'effet en sera tout au plus que les juges anglais ou danois, saisis de contestations litigieuses au sujet d'actes passés en France par leurs compatriotes, se guideront pour les apprécier d'après la loi française; il n'en résultera pas, quoi qu'en dise M. Fiore, que, ces actes s'étant accomplis en France, les juges français devront leur appliquer la loi de droit interne française. Concluons, par conséquent, que la souveraineté dite personnelle, frappée, hors de son territoire, d'inefficacité, n'acquérant de force effective que le jour où elle trouve à s'exercer sur son territoire, n'est vraiment pas extraterritoriale.

Cette vérité s'impose avec une telle évidence que, si la « question du renvoi » ne vient pas l'obscurcir, on ne fait nulle difficulté de la reconnaître. La première des propositions que j'énonçais tout à l'heure, à savoir que l'article 3 de notre Code civil et l'article 6 des Dispositions générales du Code italien, prescrivant aux Français et aux Italiens l'observation de leurs lois nationales à l'étranger, n'obligent nullement en Danemark ou en Angleterre les juges du pays à s'incliner devant les lois française et italienne, est universellement admise. Écoutons M. Fiore lui-même. Considérant le Code civil argentin, qui soumet la succession, même celle de l'étranger, à la loi du domicile, et se demandant ce qui adviendra de l'application de cette règle, dans la République Argentine, à la succession d'un Italien ou d'un Allemand domicilié dans cette République, il répond : « Il est hors de doute que les lois, qu'elles soient ou non conformes aux vrais principes du droit, doivent avoir leur force juridique et impérative dans l'État où elles ont été promulguées et que le juge de cet État, qui est tenu de juger d'après la loi, sans pouvoir en examiner ou en discuter le fondement, doit observer la prescription édictée par son souverain. Cependant, comme dans les rapports internationaux on ne saurait attribuer l'autorité extraterritoriale qu'aux lois promulguées par chaque souverain en vertu et dans les limites de sa compétence, il va de soi que la force juridique de telles prescriptions doit s'arrêter à la frontière de l'État et qu'elles ne sont obligatoires que pour les tribunaux de l'État où elles sont promulguées. Par conséquent, dans l'hypothèse que nous examinons, un tribunal argentin ne pourrait, s'agissant de la succession d'un Allemand domicilié sur le territoire de la République Argentine, se dispenser d'appliquer la loi de son pays. Mais, si la décision de ce tribunal pouvait produire certaines conséquences juridiques en Allemagne ou en Italie, les magistrats de l'un ou l'autre de ces pays refuseraient de lui reconnaître aucune force exécutoire. En effet, le législateur allemand dispose de la façon suivante, dans l'article 24 précité : « La succession d'un Allemand, même s'il avait son domicile à l'étranger, est réglée par les lois allemandes », et l'article 8 des dispositions préliminaires du Code civil italien dit que la succession doit être régie par la loi nationale du défunt ».

Dans cette hypothèse, donc, M. Fiore proclame le devoir pour le juge de s'en tenir strictement à la règle de droit international posée par son propre législateur. Et mon opinion, semblable en ce point capital à la sienne, en diffère seulement en ce que, selon moi, le refus de la force exécutoire opposé à la décision argentine en Allemagne tiendrait non pas à un abus du législateur argentin, qui n'a nullement excédé les bornes de sa compétence, mais au caractère de lois d'ordre public appartenant en Allemagne et en Italie, pour les Allemands et les Italiens, dans une certaine mesure, aux lois successorales. Quoi qu'il en soit, d'ailleurs, de ce dissentiment, ce que je retiens du passage rapporté, c'est la reconnaissance par M. Fiore lui-même, au cas où dans un pays le statut personnel est déterminé par le domicile, du principe que les juges de ce pays doivent en appliquer les lois, « qu'elles soient ou non conformes aux vrais principes du droit ».

(1) *Loc. cit.*, p. 698.

Pourquoi donc entendons-nous un tout autre langage lorsqu'il s'agit de la situation inverse, de celle où dans un pays le statut personnel est fondé sur la loi nationale? Pourquoi donc, alors, les juges du pays doivent-ils écarter cette règle et se conformer à la règle étrangère donnant la préférence à la loi du domicile? Comment, quelques pages plus haut, M. Fiore a-t-il pu dire : « Admettons qu'après la mort de l'Argentin (domicilié en Italie), le juge italien doive, conformément à notre Code, appliquer la loi de la République Argentine. Comme cette loi comprend la disposition de l'article 3283 du Code civil argentin (soumettant la succession mobilière à la loi du domicile), il nous semble impossible que ce magistrat puisse se dispenser d'en tenir compte »?

L'auteur allègue, il est vrai, que « cette disposition fait partie du statut personnel (1) », et, dit-il, « bien que le législateur argentin ait réglé la condition de ses citoyens et les droits privés qui en résultent d'une façon différente de celle admise par le législateur italien, on ne pourrait pas contester l'autorité de la loi dictée par lui à ses propres citoyens, sans violer le principe même consacré par notre législateur sur l'autorité du statut personnel ».

Mais alors pourquoi en doit-il être autrement, la matière étant la même, dans l'autre hypothèse? Nous sommes certainement en présence de deux thèses contradictoires : tandis que le juge argentin « ne peut se dispenser d'appliquer la loi de son pays, n'a pas le droit d'examiner si elle est conforme aux vrais principes du droit », le juge italien doit, au contraire, n'appliquer la loi de son pays que « d'après les justes principes », et cela veut dire que, devant un système de droit international étranger, contraire à celui de son pays, « il ne peut se dispenser d'en tenir compte ».

La raison d'une si flagrante antinomie ne peut être que celle-ci : dans l'un des cas envisagés il n'est pas question de la « théorie du renvoi »; dans l'autre, au contraire, elle est en cause, il faut à tout prix la défendre. Si l'on respecte et même si l'on proclame, là, le principe que chaque législateur est maître chez soi, que le juge n'a pas à discuter la loi, c'est parce que la « théorie du renvoi » n'y met pas obstacle; mais, ici, la « théorie du

(1) J'ai réfuté précédemment cette assertion. V. ci-dessus, p. 53.

renvoi » s'interposant, le principe s'efface, un autre, tout contraire, y est substitué, celui d'après lequel au souverain national seul est réservée la compétence législative et le juge d'un autre pays doit s'en inspirer dans l'interprétation de la loi locale. Mais d'une contradiction si manifeste il résulte clairement que l'allégation de ce prétendu principe, malgré l'appareil scientifique dont on l'entoure, n'est pas autre chose encore qu'un argument de circonstance, un pur expédient.

On remarquera, en outre, que l'interprétation de l'article 6 du Code italien que M. Fiore suggère au juge ou même exige de lui, au nom des « justes principes », donnerait à la règle de droit international italienne un caractère bien singulier; car cette règle aurait à la fois trois sens, non seulement différents mais incompatibles. Elle signifierait, tour à tour : 1° que les Italiens domiciliés en pays étranger sont, pour la justice italienne, régis par leur loi nationale, quoi que décide la règle de droit international étrangère; 2° qu'à l'inverse, les étrangers domiciliés en Italie sont aussi régis par leur loi nationale, mais à la condition que la règle de droit international de leur pays le prescrive également; 3° que les étrangers domiciliés en Italie ne sont plus régis par leur loi nationale, mais le sont, au contraire, par la loi italienne, si la règle de droit international de leur pays les soumet à la loi de leur domicile. Eh bien, ne serait-ce pas là encore une étrange anomalie? Est-il possible d'admettre qu'une même disposition soit faite en vue de résoudre, suivant les circonstances, ou bien un conflit de lois internes, avec deux solutions différentes, ou bien un conflit de dispositions législatives concernant le droit international? Une disposition de cette sorte, se prêtant à des sens divers et même contraires, au gré des intérêts en jeu, ne serait pas une règle de droit; ce serait une source d'arbitraire.

A la théorie de M. Fiore, j'oppose la suivante. La souveraineté respective des États sur leur territoire est la seule base du droit international, celle du droit privé comme celle du droit public.

La conséquence en est que chaque État, sur son territoire, organise à son gré la justice. Il a ses juges et son droit. Ses juges ne peuvent observer que son droit : son droit international, de même que son droit interne. Son droit international, entre autres objets, règle le conflit de ses lois internes avec les lois étrangères de même nature. Lorsque dans ce règlement il prescrit l'application des lois étrangères, ce n'est pas qu'il s'incline devant la souveraineté d'un État étranger, venant chez lui prendre sa place et donner des ordres à ses juges; c'est que lui-même, dans l'exercice de sa propre souveraineté, considérant que certaines lois étrangères conviennent, plutôt que les lois locales, à certaines personnes, à certains actes juridiques, à l'interprétation des volontés dans certaines circonstances, etc., les adopte et les fait siennes. Et c'est de sa part, en l'absence de conventions, qui pourraient être utilement conclues, mais ne sont pas nécessaires, un acte tout spontané. De même, lorsque l'on dit des juges d'un pays qu'en vertu d'une règle de droit international ils appliquent telle ou telle loi étrangère, cela ne signifie pas qu'ils obéissent à un législateur étranger; il faut l'entendre en ce sens qu'ils statuent conformément à une loi, faite, il est vrai, par un législateur étranger, mais devenue, de la façon que je viens d'indiquer, loi de leur pays; en sorte qu'ils suivent ainsi les prescriptions de leur propre législateur.

Cette conception du droit international privé ne laisse subsister aucun doute sur la « question du renvoi »; car elle la supprime radicalement. Le « renvoi », en effet, de quelque manière qu'on le comprenne, implique l'influence, plus ou moins directe et effective, de l'État dont la loi est déclarée applicable sur le droit international de l'État qui la déclare applicable. Or, c'est chose absolument impossible, si la désignation d'une loi étrangère par le législateur d'un pays doit être considérée comme un acte accompli spontanément et librement, sans appel d'aucune sorte au législateur étranger, ni procédé courtois ou déférent envers lui, ni tolérance d'une intervention de sa part.

Si l'on se place à ce point de vue, l'idée de deux compétences législatives distinctes paraît absolument vaine. Entre le statut réel et le statut personnel, une différence existe, il est vrai; mais ce n'est pas, comme le pense M. Fiore, que le règlement du premier ressortit au souverain du pays où les biens sont situés, le règlement du second au souverain national des personnes; elle consiste en ce que l'unique souverain dont relèvent également les biens et les personnes soumis à sa juridiction doit, pour le statut réel, exclure toute application des lois étrangères, mais peut l'admettre à l'égard du statut personnel.

Dans le cas où, d'après cela, le législateur d'un pays déclare applicable à un rapport ou point de droit, de la part de ses juges, quelque loi de droit interne étrangère, on exprime généralement ce fait en disant qu'il y a pour la loi étrangère attribution de compétence. L'expression n'est pas inexacte, puisque la loi étrangère, dans le concours dont il s'agit, l'emporte sur la loi locale. Toutefois, il convient de ne pas se méprendre sur son véritable sens. Or, c'est ce qu'a fait, selon moi, M. de Bar, dans son discours à l'Institut de droit international, en fondant sur cette expression la « théorie du renvoi » qui lui est personnelle. Je m'en suis expliqué, déjà, à un autre point de vue; je crois utile, ici, d'y revenir. « Il faut tout d'abord, a dit M. de Bar, faire remarquer que les dispositions de lois relatives au droit international privé ne sont que des règles qui indiquent la compétence, soit celle d'une loi nationale, soit celle d'une loi étrangère. En ce qui concerne la compétence de ses propres lois, la règle du législateur est toujours absolue... Mais est-ce un corollaire de notre souveraineté d'étendre la compétence d'une législation étrangère qui a renoncé d'elle-même à régler nombre de questions que pourtant notre législateur, dans des cas pareils, soumet à ses propres règles? La négative paraît certaine, surtout dans le cas où cette législation étrangère veut que les questions qu'elle renonce à régler soient régies par nos lois. Imposer une compétence à qui n'en veut pas, ce n'est pas le traiter en égal, c'est revendiquer une espèce de supériorité ou s'attribuer un droit « supernational »; c'est agir comme une cour supérieure qui ordonne à un tribunal inférieur, qui s'était déclaré incompétent, de statuer sur le fond. Or, comme tous les États sont égaux et doivent se respecter les uns les autres, il ne peut y avoir de compétence imposée (1) ».

Ce raisonnement a pour point de départ l'idée, suggérée par les termes d' « attribution de compétence », d'une sorte de colloque entre deux législateurs, l'un d'eux proposant à l'autre de lui céder une part de son pouvoir législatif sur son territoire, ce dernier accueillant ou déclinant l'offre qui lui est faite. Celui-ci, dit M. de Bar, n'est-il pas libre d'opposer un refus? Et, s'il le fait, celui-là peut-il, sans méconnaître l'indépendance respective des souverains, passer outre, « imposer une compétence » dont on ne veut pas? Or, le refus de la compétence offerte, c'est le « ren-

(1) *Ann. de l'Inst. de dr. int.*, t. 18, p. 154 et 155.

voi », au sens large du mot. Le « renvoi », compris de cette manière, doit donc être considéré comme parfaitement légitime.

La conclusion serait juste, assurément, si le point de départ du raisonnement était vrai. Mais il ne l'est pas. « Attribuer compétence à une loi étrangère », ce n'est pas faire une offre au législateur de qui émane cette loi et, si l'offre est déclinée, la transformer en une injonction. C'est, de la part d'un souverain, statuant par une déclaration unilatérale, sans entente ni débat avec un autre souverain, dire à ses juges qu'ils auront à faire application d'une loi étrangère, comme si cette loi, qu'il adopte, était son œuvre propre.

Le souverain qui parle ainsi le fait en termes impératifs. Là, sans doute, où la loi est demeurée muette ou bien est obscure, les juges doivent y suppléer ou l'interpréter. Mais, quand elle est formelle, explicite et claire, ils n'ont qu'à l'appliquer telle quelle. Il ne leur appartient pas de la dénaturer, sous prétexte qu'à leurs yeux le législateur a mal compris son rôle, ne s'est pas tenu dans les bornes de sa compétence.

M. Fiore va même jusqu'à reprocher au souverain territorial de commettre un excès de pouvoir lorsqu'il applique aux étrangers leurs lois nationales, malgré le droit international de leur pays qui les soumet aux lois de leur domicile. Aux auteurs qui lui reconnaissent ce droit en alléguant — ce que pour ma part je ne fais pas — que les règles dont il s'agit sont assimilables à des dispositions d'ordre public, il répond qu'il n'y a pas de raison d'ordre public qui permette au souverain territorial de « faire ainsi table rase de la compétence législative du souverain national », qui puisse justifier un « tel abus d'autorité » (1). Ailleurs encore, même langage : « Aucun souverain ne pourrait, sans excéder les limites de sa compétence législative, s'arroger la puissance de législateur du monde entier, de façon à pouvoir imposer à tous les États et à toutes les personnes qui appartiennent à ces États des règles s'appliquant à leur condition civile et aux droits privés résultant de cette condition » (2).

Eh bien, je dis, au contraire, que le souverain territorial, en agissant de la sorte, use d'un droit incontestable, celui d'administrer la justice comme il l'entend, d'après ses vues propres,

(1) *J. dr. int. priv.*, 1901, p. 690.
(2) *Eod. loc.*, p. 696.

sur son territoire. Là, dans son domaine, il n'a nullement la prétention de faire au monde entier la loi, il se refuse tout simplement à subir la loi du monde entier. Son système étant, par exemple, d'appliquer aux étrangers, en certaines matières, les lois internes de leur pays, parce qu'en ces matières, à ses yeux, le droit fait corps avec la nationalité, il entend ne pas le sacrifier aux systèmes des autres souverains, systèmes qui seraient ou l'application de la loi du domicile, ou l'application de la loi du lieu de l'acte, ou l'application de la loi du lieu de la situation des biens, ou tel autre encore. En un mot, il veut, chez lui, demeurer indépendant, ne pas laisser à d'autres le pouvoir de déterminer la sphère d'application de ses propres lois. Le législateur français reconnaît ne pas avoir le droit d'interdire l'application des lois danoises aux Français domiciliés en Danemark ; mais, réciproquement, il n'y a pas de « justes principes » qui autorisent le législateur danois à prescrire l'application des lois françaises aux Danois domiciliés en France. Autrement, chacun serait maître chez les autres, impuissant chez soi.

La théorie de M. Fiore doit donc être écartée. C'est au souverain territorial et à lui seul qu'il appartient, pour les étrangers justiciables de ses tribunaux, comme pour ses sujets, de résoudre le conflit de ses lois avec les lois étrangères, soit isolément avec le simple secours de la doctrine, soit de concert avec les autres souverains, mais toujours en pleine indépendance.

VI

J'aurai, pour terminer cette étude, à jeter un coup d'œil sur les législations et les jurisprudences étrangères, à comparer les prétendus avantages et les inconvénients réels que présenterait l'acceptation du « renvoi », enfin, à rechercher si le conflit des dispositions législatives de droit international, insoluble en soi, ne pourrait pas être atténué par voie d'entente entre les États. Mais, avant d'aller plus loin, me trouvant dès maintenant en possession des éléments nécessaires pour apprécier l'arrêt de la Cour de Paris, je crois devoir n'en pas différer l'examen. Aussi bien est-ce là l'objet direct, immédiat, du présent travail.

L'idée qui domine l'arrêt du 1er août 1905 est bien celle qui doit présider à toute discussion sur la matière et sur laquelle il faut prendre parti tout d'abord. C'est que, dans chaque pays de civilisation européenne, les lois dont se compose la législation générale sont de deux sortes. Les premières, très nombreuses, ont pour objet le règlement des divers intérêts que fait naître l'état social dans ce pays, abstraction faite des autres pays et de leurs lois; ce sont les lois de droit interne. Les secondes, en petit nombre et souvent de caractère jurisprudentiel ou coutumier, prennent en considération l'existence des autres pays, prévoient le cas où les premières entreront en contact avec les lois de même nature appartenant à ces autres pays, et s'attachent à régler les conflits qui pourront en résulter; en d'autres termes, elles déterminent dans l'espace, comme a dit Savigny, le champ d'application des premières; ce sont les lois ou règles de droit international. Or, il importe de ne pas confondre ces deux sortes de lois les unes avec les autres. C'est la faute que, depuis l'arrêt de cassation du 24 juin 1878, rendu dans l'affaire Forgo, la jurisprudence française a fréquemment commise. C'est dans cette confusion qu'est tombée, particulièrement, la Cour de Toulouse, lorsque, se proposant d'appliquer la loi successorale de Bavière, loi de droit interne, elle a cru trouver « le principe de dévolution successorale » dans une disposition qui, relative au conflit de la loi bavaroise avec les lois étrangères en matière de succession, déterminait l'étendue d'application de la loi bavaroise, par conséquent était une règle de droit international. Eh bien, la Cour de Paris se garde, elle, de cette confusion. Son arrêt, d'un bout à l'autre, fait la distinction nécessaire.

Le conflit des lois internes d'un pays avec les lois étrangères de même nature peut être résolu par l'attribution de la prépondérance à ces dernières, le législateur estimant que, dans tel ou tel cas, pour telle ou telle raison, de ce règlement résultera l'administration d'une meilleure justice. Il en est certainement ainsi, en France, pour les lois concernant l'état et la capacité des étrangers. La Cour de Paris, dans l'espèce, a de même pensé — ce qui d'ailleurs est contestable — que la succession mobilière d'un étranger domicilié sans autorisation dans notre pays doit être régie par sa loi nationale. On dit des lois qui de cette manière s'appliquent hors de leur propre territoire qu'elles sont extraterritoriales. Mais les lois ou règles de droit international, aussi, peuvent être en opposition les unes avec les autres. Ici, tandis que la règle française attribuait, selon la Cour, compétence à la loi successorale de la Louisiane, en tant que loi nationale du défunt, la règle louisianaise, au contraire, déclarait préférable la loi successorale de la France, en tant que loi du pays où le défunt avait en fait son domicile. Or, les lois de droit international privé édictées dans un pays peuvent-elles, comme les lois internes, s'étendre hors de leur territoire? Non, a répondu la Cour de Paris, « les lois de droit international privé sont territoriales ». Affirmation diamétralement contraire à celle de la Cour de Toulouse, laquelle avait déclaré : « C'est avec aussi peu de fondement qu'on a soutenu que ces dispositions de la législation bavaroise (attribuant compétence à la loi successorale française, comme loi du domicile du défunt et de la situation des biens) ne devraient s'appliquer que dans les limites du territoire bavarois et ne régissent pas la succession d'un Bavarois à l'étranger ».

Comment la Cour de Toulouse avait-elle motivé sa thèse? En disant: « Rien dans le texte ne justifie cette interprétation restrictive et ne prouve qu'elle a voulu circonscrire son autorité dans le territoire de la Bavière ». A quoi la Cour de Paris répond que le caractère territorial des lois de droit international privé doit être reconnu, sans qu'il soit à cet égard besoin d'un texte exprès, parce que ce caractère est de l'essence de ces lois. Et la Cour de Paris ne se borne pas à l'énoncé de ce principe, elle le développe et le démontre. Elle le développe en ces termes : « La détermination de la condition des étrangers (au point de vue de la loi qui leur est applicable), dans chaque pays, rentre dans le pouvoir souverain de l'État de ce pays ; les lois édictées pour cet objet n'ont aucune répercussion hors du pays, mais, réciproquement, les lois étrangères n'y peuvent porter atteinte; il n'est au pouvoir d'aucun État d'en imposer l'application aux autres, mais il n'a pas à subir chez lui l'application des lois différentes de même nature existant à l'étranger. On ne saurait concevoir que la règle établie dans l'État de la Louisiane puisse être invoquée en France, en ce qu'elle soumet à la loi de cet État la succession des Français décédés (et domiciliés, à leur mort) sur son territoire... Par des raisons identiques, on doit écarter en France l'application de la règle inverse établie dans l'État de la Louisiane pour la dévolution de la succession d'un citoyen de cet État, domicilié et décédé sur le territoire français, où il est, en tant qu'étranger, soumis à une règle différente... ». Dira-t-on que ce sont là de simples assertions? La justesse en est démontrée finalement par cet argument décisif : « De même qu'en Louisiane on ne tient nul compte de la loi nationale du Français domicilié dans cet État, parce que la législation locale sur les conflits de lois ne s'attache qu'à la notion du domicile (ce qui est incontestable et incontesté), de même, en France, où les mêmes conflits sont réglés par la nationalité, on doit s'en tenir au principe sur lequel est fondée la législation française et faire abstraction du domicile de fait, qui, en dehors de l'attribution de compétence, ne produit dans notre pays aucune conséquence juridique ».

Telle est la base fondamentale de l'arrêt. C'est, en quelques lignes, l'argumentation que j'ai dû longuement développer en dernier lieu, pour combattre la théorie sur le « renvoi » déduite par M. Fiore de la doctrine générale de Mancini.

La dame Samory recourut-elle, comme l'avait fait, de 1875 à 1882, l'Administration des domaines, à la théorie du « renvoi proprement dit » ? C'est vraisemblable, puisque le jugement de Melun reproduit cette théorie en disant : « On reviendrait, il est vrai, par voie de conséquence, à appliquer en fin de compte la loi française, si la loi de l'État de la Louisiane prescrivait de se référer à la loi du pays où le défunt avait une simple résidence de fait ». Comme la dame Samory fit constater en appel que cette règle existait bien dans la législation coutumière de la Louisiane, son défenseur plaida sans doute que, « la loi de la Louisiane renvoyant, dans l'espèce, à la loi du domicile, c'est-à-dire à la loi française, appliquer cette dernière loi serait appliquer la loi de la Louisiane. » Mais la Cour de Paris ne prend pas la peine de réfuter le « renvoi proprement dit » ; encore moins descend-elle — ce que j'ai dû faire afin de ne rien omettre — à discuter la justesse du raisonnement qui vient d'être rappelé et dont on pourrait se demander s'il est un argument sérieux ou bien un jeu de mots, une plaisanterie. Elle se borne, en concluant, à dire : « La prétention de la dame Samory repose donc sur une confusion manifeste entre la loi interne de la Louisiane, que les principes admis en France commandent d'appliquer aux citoyens de ce pays, lorsqu'ils viennent s'établir dans le nôtre, sans abdiquer leur nationalité, et une règle de droit international privé, dont les effets ne peuvent s'étendre au delà du sol de la Louisiane ».

Mais la Cour insiste, au contraire, sur la théorie du « renvoi » consistant à présenter l'application des lois étrangères comme une concession faite à la courtoisie internationale, concession sans objet lorsque l'offre ainsi faite par le législateur d'un pays aux autres législateurs n'est pas agréée par ces derniers. Elle y insiste pour la réfuter. Et, certes, elle a raison d'écarter cette manière de voir. Toutefois, je ne saurais m'associer au raisonnement qu'elle y oppose. Il semble, à l'entendre, que notre législateur, en faisant place en France aux lois étrangères, en matière d'état et de capacité, se soit proposé d'assurer en pays étranger l'application de la loi française. Or, ce but n'a nullement été le sien. Les auteurs du Code civil étaient imbus de l'idée que le pouvoir législatif est essentiellement *territorial*. C'est une des constatations que m'a permis de faire une précédente étude [1], où se rencontre même une manifestation frappante de l'esprit dans lequel notre législateur de 1804 entendait appliquer les lois étrangères. Comme, en une autre matière, à propos de la règle d'après laquelle la forme des actes devait être régie par la loi du lieu où ils seraient passés, le conseiller d'État Rœderer objectait que, si la disposition s'appliquait aux actes passés en pays étranger, le législateur sortirait du cercle où il devait se renfermer, il lui fut répondu que « le législateur français ne se prononce sur le mérite de ces actes qu'autant qu'on les ferait valoir en France et que les tribunaux français seraient forcés de les juger [2] ». Eh bien, de même, ainsi que je l'ai dit précédemment, en déclarant maintenir sous la loi française l'état et la capacité des Français à l'étranger, l'article 3 du Code civil a voulu simplement dire que les actes des Français en pays étranger seraient appréciés par les juges français d'après la loi française. Notre législateur n'a pas eu la prétention d'imposer aux tribunaux étrangers ni même l'intention de solliciter d'eux l'application de ses lois. Ce n'est donc pas en vue de l'obtenir qu'il accorde aux étrangers en France l'application de leurs lois nationales.

Quoi qu'il en soit de ce dissentiment sur un point secondaire, les motifs de la décision rendue par la Cour sont, en général, comme cette décision elle-même, conformes à la thèse que le

(1) *La rédaction du Code civil et le sens de ses dispositions en droit international* (Rev. de dr. int. pr. et de dr. pén. int., 1905, p. 21 et s.; p. 443 et s.).

(2) *Eod. loc.*, p. 459 *in fine* et 460.

présent travail a pour objet de défendre. Et ce qu'il en faut surtout retenir, c'est l'affirmation et la démonstration de l'idée que le pouvoir législatif, quant aux dispositions de droit international concernant le conflit des lois internes, est absolument et strictement territorial.

VII

L'arrêt de la Cour de Pau, en date du 11 juin 1906 (1), déjà signalé dans la première partie du présent travail, semble présager que la condamnation du « renvoi » par la Cour de Paris gagnera peu à peu les suffrages de la jurisprudence; car il est également fondé sur le principe, enfin mis en lumière, que la souveraineté respective des États ne permet pas de substituer, dans un pays, à la règle de droit international privé locale une règle de droit international privé étrangère.

Cet arrêt, cependant, a suscité la critique d'un nouveau partisan de la « théorie du renvoi », M. Ambroise Colin, l'un de mes collègues à la Faculté de droit de Paris (2). Et, bien qu'il semble difficile, après MM. Weiss, de Bar, Westlake, Pasquale-Fiore, d'apporter sur le terrain du droit (je n'envisage pas encore les avantages ou les inconvénients des systèmes en présence ni les jurisprudences étrangères) quelque argument inédit dont se puisse étayer la thèse adverse, la légitime autorité de mon dernier contradicteur me fait un devoir d'examiner ses objections avec un soin tout particulier.

Deux successions, laissées, à quelque temps d'intervalle, par des sujets anglais, les époux Knowles, et composées en partie de biens mobiliers situés en France, devaient-elles être considérées, quant à ces biens, comme régies par la loi successorale anglaise ou par la loi successorale française?

Telle était la question. Elle présentait cet intérêt qu'un enfant légitime, exclu par des dispositions testamentaires faites en faveur d'enfants naturels, ne trouvait dans la loi anglaise aucun secours, tandis que la loi française lui assurait une réserve. Le débat tenait non pas seulement à ce qu'il s'agissait de biens situés

(1) V. cette *Revue*, 1906, p. 614.

(2) V. note sous l'arrêt, Dalloz, 1907, 2, p. 1. Déjà M. Colin avait donné, dans l'affaire, une consultation, dont la *Revue de droit international privé et de droit pénal international* a joint des extraits importants à l'arrêt (1906, p. 765).

en France, mais encore et surtout à ce que les époux Knowles, ayant acquis en France des domaines, s'y étaient, longtemps avant leur décès, fixés de façon permanente, sans néanmoins avoir abandonné tout esprit de retour en Angleterre, où, chaque année à peu près, ils revenaient passer une quinzaine de jours. C'était du caractère de cet établissement en France que dépendait la solution du litige. Assurément, l'autorisation du Gouvernement français faisant défaut, il n'y avait pas là le domicile qui, d'après notre jurisprudence, est nécessaire pour que la succession mobilière d'un étranger soit soumise à la loi française. La règle de droit international privé propre à la France plaçait donc la succession, dans cette affaire comme dans la précédente, sous l'empire de la loi successorale étrangère. Mais on fit appel à la « théorie du renvoi ». Le droit international anglais, dit-on, attribue compétence à la loi du domicile du défunt; par conséquent, la loi successorale française, que le législateur français déclare n'être pas applicable, le devient par la volonté du législateur anglais.

Le tribunal de Pau n'accepta ni ne repoussa le « renvoi ». Mais il jugea qu'il n'y avait pas lieu d'en faire l'application dans la cause, parce que l'établissement des époux Knowles en France, insuffisant, d'après la jurisprudence des tribunaux français, pour attribuer compétence à la loi successorale française, l'était également d'après la loi anglaise.

La Cour de Pau, quant à ce dernier point, fut de même avis. Dès lors, il n'y avait pas lieu, semble-t-il, de prendre parti sur la « théorie du renvoi ». Puisque, relativement à la solution du conflit des deux lois successorales, il y avait accord, en fait, entre les deux législations, comme la Cour en fit elle-même la remarque, la question du « renvoi » n'offrait plus qu'un intérêt théorique. La Cour de Pau, néanmoins, a cru devoir s'en expliquer, et c'est même cette question qu'elle a traitée la première.

Elle commence, il est vrai, par commettre une singulière confusion, que mon collègue M. Colin relève justement, entre deux matières très distinctes : la participation des étrangers à la jouissance des droits privés, objet des articles 11 et 13 du Code civil, et l'application, pour leur état et leur capacité, de leurs lois nationales, que prescrit indirectement l'article 3 du même Code. Je ne saurais non plus adhérer à la déclaration qui suit, savoir que la succession mobilière est régie par la même loi que l'état et la capacité des personnes; à cet égard, je dois réitérer des réserves déjà précédemment faites.

Mais lorsque, ce point de départ adopté, la Cour aborde la « théorie du renvoi », la réfutation qu'elle y oppose, où se rencontrent à la fois, semble-t-il, des idées de M. Labbé et des arguments empruntés à la Cour de Paris, me paraît être, dans ses grands traits, parfaitement juste. En voici le principal passage : « La règle générale déduite de l'article 3 du Code civil et relative au statut personnel des étrangers constitue une règle de droit international privé, c'est-à-dire un acte de souveraineté, de caractère purement territorial, auquel la législation étrangère ne peut, de son côté, porter atteinte; elle indique nettement au juge la loi applicable; elle lui prescrit impérativement de laisser la condition de l'étranger soumise aux dispositions de la loi interne de l'État auquel cet étranger appartient; il en résulte, enfin, que la fortune mobilière de ce dernier doit être dévolue comme s'il était décédé dans son pays même ».

Telle n'est pas, selon M. Ambroise Colin, la vérité. L'observation qu'il fait en premier lieu, c'est que, dans le cas présent, si le législateur anglais, après avoir permis à un père de déshériter son fils légitime au profit d'enfants naturels, ne tient pas à ce que cette règle s'applique en pays étranger et, prenant en considération le domicile du défunt, s'incline devant une loi contraire et bien plus sage, c'est là un « heureux renvoi », qu'il faut s'empresser d'accueillir. Toute difficulté se trouve écartée. Va-t-on, comme à plaisir, en soulever une que les lois en présence ne font pas naître elles-mêmes? Va-t-on se montrer, comme l'a dit spirituellement M. Weiss, plus royaliste que le roi?

Voilà bien comme il peut arriver que s'obscurcisse la notion du droit. Pour motiver l'acceptation du « renvoi », des avantages ou des profits apparaissent, moraux ou autres : ici, la protection des enfants contre l'injuste caprice des parents; là, peut-être, l'acquisition par le fisc d'une riche succession mobilière. Pourquoi n'en pas tenir compte?

Il sera permis à un professeur de droit international privé, passionnément attaché au progrès de cette science, qui n'est encore qu'en voie de formation et qu'il faut constituer solidement, de soutenir, au nom de l'intérêt général, qu'elle doit être fondée sur des principes et, par conséquent, de ne pas s'arrêter aux intérêts particuliers, même en soi légitimes, qui peuvent se trouver en cause. Et, d'ailleurs, les intérêts particuliers sont variables; l'hypothèse inverse est possible. Faudra-t-il, alors, écarter le « renvoi », que l'on aura précédemment accepté? Le droit peut-il avoir une base aussi mobile?

Abordant la controverse, M. Ambroise Colin n'admet pas que la distinction fondamentale, faite par ses adversaires, entre les dispositions de droit interne et les dispositions de droit international privé, les unes susceptibles d'application extraterritoriale, les autres exclusivement et absolument territoriales, soit une idée juste. Elle lui paraît « contestable quant au fond et, quant à la forme, à tout le moins fort singulière ». Il prend comme exemples, afin de le démontrer, deux textes du Code civil : l'article 3, portant que la loi française, quant à la capacité des personnes et (pour les besoins de la discussion) quant à la dévolution des successions mobilières, s'applique aux Français à l'étranger, et l'article 913, qui restreint la liberté testamentaire.

Au point de vue de la terminologie d'abord, voici, dit-il, une disposition, l'article 3, qui a bien « tous les titres à figurer dans la série des dispositions de *droit international privé* ». Comment la Cour de Paris peut-elle sans inexactitude affirmer qu'elle est « essentiellement territoriale » et n'a aucune répercussion au dehors? » Et, de même, n'est-il pas incorrect « de qualifier de règle de pur *droit interne* un texte comme l'article 913 qui, en vertu de sa combinaison avec l'article 3, doit s'appliquer aux Français décédés à l'étranger et, partant, en dehors du territoire aussi bien que dans ses limites? ».

Eh bien, voilà encore, pour moi, une argumentation faite de confusions, analogues à celles que j'ai rencontrées dans la théorie du « renvoi proprement dit », mais où l'équivoque est aussi subtile et fine qu'ailleurs elle était simple et grossière. J'y ferai deux réponses, qui me donneront occasion de revenir et d'insister sur des idées très importantes.

En premier lieu, lorsque l'on dit que les règles de droit international privé sont « essentiellement territoriales », on ne prétend pas qu'elles aient uniquement en vue des faits accomplis sur le territoire, on veut dire qu'elles n'ont d'application effective et judiciaire que sur le territoire; que seul le souverain de qui elles émanent a le droit d'en exiger l'observation de la part de ses juges et qu'il le peut seulement dans l'étendue de son empire territorial. Tel est le sens de l'article 3, § 3, de notre Code civil, portant que la loi concernant l'état et la capacité des Français ou même (pour les besoins de la discussion) concernant leurs successions mobilières les régissent en pays étranger : cette disposition, quoiqu'elle prévoie des faits qui s'accompliront à l'étranger, ne peut avoir sûrement d'application effective que sur le territoire français, ne s'adresse qu'aux juges français. Pour tels ou tels autres territoires ou juges, par exemple anglais ou danois, elle n'existe pas ou du moins n'a rien d'obligatoire. Ainsi le veut le respect des souverainetés, leur mutuelle indépendance. On dit bien que les lois concernant l'état et la capacité des Français les « suivent » en pays étranger, mais c'est une figure et la justesse en est toute relative. Elles les suivent, en ce sens qu'ils doivent, au regard du législateur et des juges français, s'y conformer. Elles ne les suivent pas, en ce sens qu'en territoire étranger le législateur devrait leur faire place et les juges les appliquer. Par conséquent, ce qui est vraiment inexact, c'est d'affirmer, comme le fait M. Colin, que l'article 913, en vertu de l'article 3, « doit *s'appliquer* aux Français décédés à l'étranger et, parlant, *en dehors du territoire aussi bien que dans ses limites* ». La vérité est que ce texte doit *s'appliquer* à l'occasion d'un décès survenu à l'étranger aussi bien qu'à l'occasion d'un décès survenu en France, mais seulement *sur le territoire français et dans ses limites*. Voilà comment les règles de droit international privé sont « essentiellement territoriales ».

D'autre part, lorsque l'on dit des autres dispositions législatives qu'elles sont « de droit interne », on ne prétend pas que l'application en doive être uniquement et nécessairement intérieure, comme celle des règles de droit international privé; ce n'est pas à ce point de vue que l'on se place. On considère non pas la sphère d'application des lois, mais leur objet. L'expression de *droit interne* s'oppose à celle de *droit international*. Elle signifie qu'en édictant les dispositions de cette nature, à l'égard des personnes, de leur capacité, de leurs rapports de famille, des biens, des contrats, des successions, du testament, etc., le législateur d'un pays fait abstraction des autres pays, des étrangers et des lois étrangères. Les règles de droit international, au contraire, édictées dans un pays, sont faites en vue des rapports qui peuvent se former entre ce pays, ses sujets et ses lois, d'une part, et d'autre part, les autres pays, leurs sujets et leurs lois. Les règles de droit international privé fixent dans l'espace l'étendue d'application des lois de droit interne. Elles décident que, parmi ces dernières, les unes, comme les lois concernant le régime de la propriété, seront enfermées dans le territoire, mais, là, seront toutes-puissantes, absolues, que les autres, comme les lois concernant l'état et la capacité des personnes, peut-être aussi les successions, seront relatives et extraterritoriales.

Ainsi, toutes ces expressions de « droit international privé », de « droit interne », de droit « essentiellement territorial » et de droit « susceptible d'extraterritorialité » se comprennent très bien, si l'on consent à les comprendre.

Entre se refuser à comprendre la terminologie d'une science et nier cette science elle-même, il n'y a pas loin. C'est à quoi M. Colin se laisse entraîner. Après avoir contesté que les termes employés soient exacts, il en arrive aussitôt à contester qu'ils aient un sens propre et distinct, qu'il y ait en France un droit interne et un droit international privé. « C'est qu'en effet, dit-il, si l'on va au fond des choses, les deux textes (l'article 3 et l'article 913) ne peuvent pas se séparer : ils font corps, ainsi d'ailleurs que toutes les dispositions d'un même Code, lesquelles toujours doivent s'éclairer les unes par les autres et que l'interprète n'a pas le droit d'isoler arbitrairement. En réalité, l'article 913 n'est pas un texte de droit interne plus qu'un texte de droit international privé... » Eh bien, s'il en est ainsi, l'article 3, de son côté, n'est pas plus un texte de droit international privé qu'un texte de droit interne. Donc, tout se confond, le droit international privé et le droit interne s'absorbent l'un dans l'autre, le droit international privé disparaît.

Cependant, M. Colin ne va pas jusque-là. Développant la pensée qu'il vient d'émettre, il ajoute : « L'article 913 doit être considéré, de par l'article 3 qui domine l'ensemble de toutes les dispositions du Code civil relatives au statut personnel des Français, comme contenant deux dispositions juxtaposées : l'une pour les Français en France, l'autre pour les Français à l'étranger et portant que pour eux la quotité disponible est fixée de la même façon ». Mais ce n'est plus la combinaison présentée tout d'abord : si les articles 913 et 3 ne sont que « juxtaposés », ils ne font pas « corps », et si l'un est fait pour les Français en France, l'autre pour les Français à l'étranger, c'est que le premier relève du droit interne, le second du droit international. Il en résulte que le raisonnement ne se suit pas bien ; le droit international privé disparaît et reparaît tour à tour. Il y a plus : non seulement l'article 913 est parfaitement distinct de l'article 3, lorsqu'il y est juxtaposé, non seulement même les deux dispositions sont de nature différente, puisque l'une est une règle de succession, l'autre la solution d'un conflit de lois, mais la juxtaposition de l'une à l'autre n'est nullement nécessaire ; car, le plus ordinairement, l'article 913 vivra très bien, remplira très bien son rôle en droit interne, sans avoir pour voisin l'article 3; il ne se doublera de ce dernier que si, par suite de certaines circonstances, assez rares en somme, il entre en contact et en concours avec une loi étrangère de même nature. La question s'élevant alors de savoir laquelle des deux lois l'emportera sur l'autre, il y aura lieu pour l'article 3 d'intervenir. Et comment? De deux manières : tantôt afin de se joindre à l'article 913 et de lui donner plus de force à l'égard d'un Français; tantôt, au contraire, la succession en cause étant celle d'un étranger, afin de lui retirer toute valeur. On voit par là que les deux dispositions non seulement sont distinctes, mais à l'ordinaire demeurent séparées, et qu'en outre, si l'article 3 vient à s'unir à l'article 913, ce sera, selon les cas, tout aussi bien pour en paralyser que pour en fortifier l'action.

Les propositions que je viens de combattre étaient les prémisses d'un raisonnement tendant à démontrer que nous devons, en France, accepter le « renvoi », c'est-à-dire substituer à notre règle de droit international privé concernant la succession mobilière la règle de droit international privé propre au droit anglais. Ces prémisses n'étant pas justes, le raisonnement ne saurait l'être. Cependant il est intéressant de savoir en quels termes il est formulé. Pensant avoir établi que les articles 913 et 3 du Code civil français sont étroitement unis, inséparables et régiraient les successions mobilières laissées par les Français à l'étranger, au point d'y faire loi malgré la volonté contraire du souverain local, M. Colin en déduit la conclusion qu'il recherche. « De même, dit-il, si nous renversons l'hypothèse, la règle de la *Common law* britannique sur la liberté testamentaire ne peut pas être isolée de la règle anglaise coutumière qui soumet les Anglais résidant hors du royaume à la loi de leur domicile. A la supposer formulée en textes, la loi anglaise doit être considérée comme contenant, côte à côte, deux décisions sur la liberté testamentaire, l'une pour les Anglais résidant dans leur patrie, l'autre pour les Anglais domiciliés au dehors. Et, cela étant, quelle bizarre intention il faut prêter, si nous repoussons le renvoi, au législateur français! Lorsqu'il ordonne d'appliquer aux Anglais en France la loi anglaise, cela signifierait qu'il faut choisir, dans cette loi, les seules dispositions concernant le cas d'un Anglais resté en Angleterre; il faudrait, en revanche, écarter avec soin celles des dispositions anglaises qui régissent le cas d'un Anglais domicilié en France. En d'autres termes, notre loi ne renverrait pas à l'*ensemble de la loi britannique*, mais exclurait certaines de ses dispositions et *précisément celles que la loi anglaise a écrites en vue de l'hypothèse présente et de la difficulté à solutionner*. En vérité, il semble improbable qu'une thèse aboutissant à de pareilles conséquences ait grande chance de succès devant la Cour de cassation ».

J'admire cet art de présenter les choses. Nous n'en sommes plus à cette sorte de jeu de mots que traduisait la première formule : « à la vérité la loi française veut que l'on applique la loi belge, mais, comme la loi belge renvoie la compétence à la loi française, appliquer cette dernière loi, c'est appliquer la première ». Ici, la pensée se revêt d'une argumentation subtile et spécieuse. Mais, au fond, ce n'est pas une pensée différente ; c'est, de nouveau, la théorie du « renvoi proprement dit », sous l'un de ses aspects, celui auquel se sont attachés MM. de Vareilles-Sommières, Westlake et Fiore(1), la « théorie du renvoi », fondée sur l'incorporation du droit international privé dans le droit interne. Je n'ajouterai donc que peu de chose à la réfutation que j'en ai déjà faite. M. Colin perd de vue qu'il s'agit, en France, pour le législateur français, de résoudre le conflit de la loi française avec une loi étrangère, de délimiter le champ d'application de la loi française, non pas d'obéir aux ordres ni même aux suggestions d'un autre législateur. Usant de son souverain pouvoir, il décide que la loi successorale française ne s'applique pas, qu'il vaut mieux observer la loi successorale anglaise. Vainement M. Colin ferait dire au législateur anglais : « Vous vous adressez à moi, c'est-à-dire à l'ensemble de mes lois. Or, en ce qui concerne la liberté testamentaire, j'ai deux règles : l'une, pour mes

(1) Se reporter ci-dessus, p. 46 et suiv.

sujets chez moi ; l'autre, pour mes sujets chez vous. N'est-ce pas de votre part une étrange fantaisie de choisir uniquement la première? » Le législateur français lui répondrait : « Je sais ce que je fais. Si je vous emprunte la règle que vous avez établie pour vos sujets chez vous, c'est que je la juge également bonne pour vos sujets chez moi. J'estime qu'un changement de domicile ne doit pas, en la matière, emporter un changement de loi. Vous êtes d'un sentiment contraire? Souffrez que je m'en tienne au mien. Je ne me borne pas d'ailleurs à vous emprunter votre loi successorale, j'écarte en même temps la mienne, parce que, toujours contrairement à votre manière de voir, je considère qu'elle ne convient pas à vos sujets, même chez moi ». Le législateur français n'aurait-il pas le droit de tenir ce langage? Assurément oui : c'est à lui, chez lui, qu'il appartient d'administrer à son gré la justice et, par conséquent, de décider qu'en tel point on appliquera telle loi étrangère, non pas telle de ses propres lois. Ayant ce droit, en userait-il, ici, de façon « bizarre? » Assurément non. Certes, il peut s'être trompé; la loi étrangère de droit international privé contraire à la sienne peut être la meilleure. Mais, jusqu'à ce qu'elle soit devenue sienne, après une révision de son œuvre, par une adoption volontaire, il doit, sous peine d'abdiquer sa souveraineté, la tenir pour non existante. Et d'ailleurs, il peut se faire aussi que sa propre règle soit à l'égard de la règle étrangère un progrès. Je doute fort, par exemple, que le domicile, considéré comme le critérium du statut personnel, après avoir perdu tant de terrain, puisse le regagner. Le plus probable, au contraire, est que, partout où se fera l'unité législative, la nationalité prévaudra. Quoi qu'il en soit, rien n'est plus rationnel, de la part d'un législateur, que d'avoir, quant au conflit de ses lois avec les lois étrangères, certaines règles et de ne pas les sacrifier à celles des autres législateurs. Il est donc naturel, en réalité, bien que l'apparence puisse être contraire, que le législateur français, en ordonnant d'appliquer en France aux Anglais la loi anglaise, « choisisse dans cette loi les seules dispositions concernant le cas d'un Anglais resté en Angleterre », puisque la circonstance que cet Anglais demeure en France lui est indifférente. Il est naturel aussi qu'il « écarte avec soin celles des dispositions anglaises qui régissent le cas d'un Anglais domicilié en France, précisément celles que la loi anglaise a écrites en vue de l'hypothèse présente », puisque ces dispositions impliquent, à l'égard du conflit de ses lois avec les lois anglaises, un système contraire au sien. Il est naturel, enfin, qu'en se référant à la loi anglaise, « *notre loi ne renvoie pas à l'ensemble de la loi britannique* », c'est-à-dire au droit international, comme au droit interne, puisqu'en renvoyant au droit international elle ferait quelque chose de contradictoire et d'absurde : voulant résoudre le conflit de la loi successorale française avec la loi successorale anglaise, elle le laisserait en suspens; elle poserait une règle qu'en même temps elle abandonnerait; elle proclamerait que le souverain français renonce à déterminer lui-même l'empire de ses lois dans leurs rapports avec les lois étrangères, qu'il se borne à désigner celui des souverains étrangers qui tiendra sa place, exercera son pouvoir.

Avec une habileté de tacticien non moins redoutable que sa dialectique, M. Ambroise Colin, désirant que la Cour de cassation, malgré tout, c'est-à-dire en dépit des protestations de la majorité des auteurs et de leurs raisons, persiste, au sujet du « renvoi », dans sa première jurisprudence, lui représente qu'en l'abandonnant elle se mettrait en contradiction avec son propre sentiment sur une matière connexe « et, on peut le dire, avec sa propre conception du droit international privé ». La Cour suprême, en effet, ne refuse-t-elle pas invariablement de redresser les fausses applications des lois étrangères que peuvent commettre nos juges? Et cela ne tient-il pas à l'idée qu'elle se fait du rôle que le législateur français remplit à l'égard des lois étrangères? Cela ne signifie-t-il pas qu'à ses yeux le législateur français se borne à laisser les lois étrangères pénétrer en France en vertu de leur force propre et sans les faire siennes, à les respecter, sans leur prêter une assistance effective? Autrement, permettrait-elle que ces lois demeurent à la merci de nos juges?

Ce n'est pas que M. Colin s'associe à ce système. Il l'a, au contraire, combattu (1). Il s'en souvient. Il le rappelle. Et, certes, il a raison, car ce fut un brillant combat. Mais enfin, dit-il, puisque la Cour suprême a maintenu cette jurisprudence, il faut qu'elle reste au moins conséquente avec elle-même en

(1) *Du recours en cassation pour violation de la loi étrangère*, dans *Journal du droit intern. pr.*, 1890, p. 406 et s.

maintenant aussi l'acceptation du « renvoi ». Car accepter le renvoi et se désintéresser de la bonne ou mauvaise interprétation des lois étrangères, ce sont les corollaires d'une même doctrine, à savoir que l'application des lois étrangères en France est affaire des législateurs étrangers, non du législateur français. Que si la Cour suprême, au contraire, opérait, en ce qui concerne le « renvoi », le revirement auquel on l'invite, en se ralliant à une autre doctrine qui voit dans l'application des lois étrangères une sorte d'incorporation de ces lois à la législation française, elle devrait logiquement se résoudre à surveiller, désormais, l'interprétation de ces lois comme celle des lois françaises.

Voilà, j'en conviens, un argument *ad hominem* bien spécieux. Mais en réalité la Cour de cassation n'en sera pas embarrassée; car il a pour point de départ une situation de fait, l'attitude prise par la Cour suprême à l'égard des lois étrangères, qui doit être envisagée dans son ensemble et n'est ici présentée que sous l'un de ses aspects. S'il est vrai que la Cour suprême s'abstient de surveiller la manière dont les lois étrangères sont appliquées par les juges (à moins, cependant, que la fausse interprétation de ces lois n'ait pour conséquence une contravention aux lois françaises elles-mêmes), elle exige, par contre, au cas où quelque règle de droit international privé française prescrit l'application d'une loi étrangère, que les juges l'observent. Elle casse les décisions qui en impliquent la méconnaissance. Au cours même de la présente étude, il s'en est rencontré un exemple frappant : c'est, dans l'affaire Forgo, l'arrêt du 5 mai 1875, cassant l'arrêt de la Cour de Pau du 14 mars 1874, pour avoir appliqué la loi successorale française, alors que, d'après l'article 13 combiné avec l'article 3 du Code civil, il y avait lieu d'appliquer la loi successorale de Bavière [1]. Ce fut même là l'origine des décisions rendues sur le « renvoi ». Et bien d'autres arrêts de cassation, depuis, sont intervenus pour la même cause. Le 6 février 1900, notamment, la Cour suprême estimant que, dans l'espèce, la loi applicable n'était pas l'article 116 du Code de commerce, mais une loi étrangère, a cassé un arrêt de la Cour de Rennes qui n'avait pas observé cette règle. « En refusant, a-t-elle dit, d'appliquer la loi étrangère qui, seule, devait régir les rapports des

(1) Se reporter ci-dessus, p. 12.

parties, l'arrêt attaqué a violé par fausse application l'article de la loi française susvisé [1] ». Les règles du droit international privé sont donc, aux yeux de la Cour suprême, des lois impératives.

Dès lors, quand M. Ambroise Colin met en garde la Cour suprême contre la contradiction où elle risquerait de tomber en s'engageant, à l'égard du « renvoi », dans une voie nouvelle, en se ralliant de la sorte à la doctrine d'après laquelle « l'application de la loi étrangère en France repose exclusivement sur la volonté du législateur français, celui-ci devant être considéré comme s'étant approprié, ayant incorporé en quelque sorte à sa propre loi la disposition interne étrangère, jugée par lui seule admissible », quand M. Colin, dis-je, s'ingénie à dissuader la Cour suprême de ce « revirement », qui l'induirait en une certaine conception du droit international privé, le conseil arrive trop tard; c'est chose faite; la Cour est déjà profondément entrée dans la voie de laquelle on voudrait la détourner. Elle a pris parti sur la question capitale de savoir à quel titre les lois étrangères trouvent place dans la législation française : elle estime que ce n'est pas grâce à l'indifférence passive du souverain français, s'effaçant devant les souverains étrangers, leur abandonnant la solution du conflit de ses propres lois avec les leurs, mais, au contraire, que c'est en vertu d'un acte volontaire de ce souverain, conscient de son droit et de son devoir, assignant, de sa propre autorité, des limites à ses lois, désignant en connaissance de cause à ses juges, comme applicable, suivant les matières juridiques, telle ou telle loi étrangère, non seulement à la place de la loi française correspondante, mais aussi de préférence aux autres lois étrangères. Voilà pourquoi la Cour suprême, lorsqu'il y a lieu, casse : elle fait ainsi respecter la volonté de notre législateur. Donc, la convier à repousser le « renvoi », ce n'est pas l'exposer à se contredire, c'est au contraire l'inviter à rester conséquente avec elle-même. C'est en acceptant le « renvoi » qu'elle a fait momentanément fausse route. En le rejetant, elle reviendrait à l'idée générale et fort juste qu'elle a conçue du droit international privé, tel qu'il existe en France. De même qu'en annulant les arrêts entachés du refus d'appliquer les lois étrangères, elle sanctionne la volonté du souverain français, qui

(1) *J. dr. int. pr.*, 1900, p. 605-618.

en a prescrit l'application, de même, en repoussant le « renvoi » elle sauvegarderait le droit du souverain français contre les empiètements des souverains étrangers.

Chemin faisant, pour contester que l'application des lois étrangères en France, en matière d'état et de capacité des personnes, ait sa cause dans la volonté même de notre législateur, pour soutenir qu'elle s'explique, au contraire, par l'indifférence du législateur français, se désintéressant de la solution du litige, s'effaçant, laissant la souveraineté étrangère suivre son sujet sur le territoire français, M. Ambroise Colin s'appuie sur la lettre de l'article 3 du Code civil. « Ce texte, observe-t-il, ne dit pas que le statut personnel de l'étranger en France est réglé par sa loi nationale, mais se contente de garder le silence sur ce point, ce qui est bien cet effacement volontaire, laissant place et vigueur aux prescriptions de la loi étrangère (lesquelles pourraient aboutir à un renvoi) dont nous venons de parler ». Mais, précédemment [1], m'adressant à MM. de Bar et Westlake, j'ai déjà répondu que, d'après les travaux préparatoires, le silence de l'article 3 sur ce point doit être interprété comme exprimant le refus d'étendre aux étrangers la loi française et par conséquent comme impliquant la volonté de faire observer pour eux leurs lois nationales.

Telles sont les objections qu'ont suscitées les arrêts de Paris et de Pau. Les adversaires du « renvoi » seront heureux qu'elles se soient produites ; car il est à croire qu'elles seront le dernier effort qu'aura tenté la doctrine pour justifier en droit une théorie inadmissible, qui fut d'abord une simple méprise, déterminée par des intérêts particuliers se combinant avec la répugnance de certains magistrats à faire application des lois étrangères. Ces objections, comme on l'a vu, sans être nouvelles au fond, sont présentées sous une forme séduisante, contre laquelle il faut pour se défendre une attention très grande. C'est l'art qui en fait la force. Mais l'art, pas plus qu'un grossier sophisme, ne saurait prévaloir sur la vérité. Et la vérité, les Cours de Paris et de Pau, après M. Labbé, l'ont dite : Les lois de droit international privé sont strictement territoriales ; absolues dans les limites de leur territoire, elles demeurent, au delà, sans puissance.

(1) Se reporter, p. 64 et suiv.

VIII

On a cru trouver dans les législations étrangères un appui pour la « théorie du renvoi ». C'est, selon moi, bien à tort. Certaines d'entre elles, il est vrai, le Code civil allemand et quelques Codes suisses admettent le « renvoi », au sens impropre et large du mot. Mais j'en ai dit précédemment la raison : c'est que l'application des lois étrangères y est comprise comme une concession faite par le souverain d'un pays aux autres souverains, concession qui, n'étant pas acceptée, n'est pas maintenue. Ces législations ne sauraient donc influer sur la « théorie du renvoi » chez nous, où l'application des lois étrangères est un acte du souverain français, qui, sans se préoccuper des dispositions des souverains étrangers, prescrit d'une manière impérative, au nom d'une haute conception de la justice, à la fois l'observation de telle ou telle loi étrangère et l'exclusion de telle ou telle loi française correspondante.

En est-il différemment des jurisprudences qui se sont formées ailleurs, sous l'influence, peut-être, d'idées autres que celles dont se sont inspirées les législations d'Allemagne et de Suisse ? M. Ambroise Colin, dans sa note sur l'arrêt de la Cour de Pau, se prévaut de l'exemple que, suivant lui, donneraient les tribunaux étrangers.

« Ajoutons, dit-il, que les jurisprudences étrangères, qui jusqu'ici ont toutes statué, le cas échéant, dans le même sens que notre Cour de cassation, ne paraissent pas se montrer accessibles aux efforts de la doctrine adverse ». Puis, après avoir commenté l'une des décisions dont il s'agit, M. Colin conclut en ces termes : « Si l'on rapproche de cette analyse que les lois positives les plus récentes semblent incliner vers la consécration de la doctrine du renvoi (V. notamment la loi d'introduction du Code civil allemand, art. 27, et la loi japonaise « Ho-rei » de 1898, art. 29), on constatera que les arrêts des Cours de Paris et de Pau demeureront jusqu'à nouvel ordre des manifestations à peu près isolées et que, dans son ensemble, la *pratique* semble bien un peu partout s'affirmer rebelle au mouvement provoqué par une certaine fraction de la *science* ».

Je ne reviens pas sur ce que j'ai dit en ce qui concerne le système de droit international allemand et par conséquent le système de droit international japonais, simple copie du premier. Quant aux jurisprudences étrangères, l'appréciation qu'en donne M. Colin ne peut être acceptée que sous bénéfice d'inventaire. M. Colin fonde son assertion sur celle qu'a émise, en 1898, notre collègue M. Bartin [1]. Or, M. Bartin se borne à dire que « la majorité des arrêts consacre le système du renvoi dans les différents pays » ajoutant, même que « le nombre de ceux qui le repoussent n'est pas négligeable ». Les recherches de M. Bartin doivent d'ailleurs être complétées par celles d'un jurisconsulte anglais, M. Bate, auteur d'une étude postérieure et non moins importante sur la matière [2]. De plus, M. Westlake, acceptant les indications de M. Bate, y joignant les siennes et résumant le tout [3], constate que, de 1856 à 1901, parmi les décisions rendues en France, en Belgique, en Espagne, en Néerlande, en Suisse et en Allemagne (avant la mise en vigueur du Code civil), 29 ont été favorables et 17 contraires à la doctrine du « renvoi ». Je remarque, enfin, que les décisions françaises figurent au nombre de 13 dans la majorité et de 3 dans la minorité, ce qui ramène les manifestations des juridictions étrangères à 16 dans un sens et 14 dans l'autre.

D'autre part, quel est le poids des seize arrêts ou jugements qui, sur le continent, se sont prononcés pour l'acceptation du « renvoi »? Il faudrait, pour le dire, en scruter avec soin les motifs. Or, nous savons déjà que les décisions belges, au nombre de cinq, résultent, comme les treize décisions françaises, d'une pure méprise et que, par conséquent, au point de vue doctrinal, elles sont sans valeur. Quant aux autres, j'estime que des recherches n'offriraient aucun intérêt. Que l'on se rappelle, en effet, quelle variété de formes revêt la « théorie du renvoi », à quel point elle est inconsistante, combien les « à peu près » y abondent. A quoi bon chercher des vues précises là où ne peuvent se rencontrer que de vagues aperçus? Lorsque les décisions françaises et belges ne sont fondées que sur une affirmation née

(1) *Les conflits entre dispositions législatives de droit intern. privé* (Théorie du renvoi), dans *Revue de droit intern. et de législat. comparée*, 1898, p. 129 et suiv., 272 et suiv.

(2) *Notes on the doctrine of* Renvoi *in private international law*, 1904.

(3) *A treatise on private international law, with reference to its practice in England*, 4e édition (1905), p. 86.

d'une équivoque et d'une confusion, quel espoir aurait-on de trouver dans les autres de plus sérieux motifs?

En voici d'ailleurs un exemple, que fournit une sentence rendue, le 3 août 1900, par le juge de l'hôpital de Barcelone (1). Il s'agissait d'une succession tant mobilière qu'immobilière, laissée en Espagne par un Écossais, qui, lors de son décès, y avait son domicile. J'écarte, pour le moment, ce qui concerne les immeubles. A l'égard des meubles, la règle de droit international espagnole, contenue dans l'article 10 du Code civil, désignait comme applicable la loi successorale écossaise, en tant que loi nationale du défunt; mais la règle de droit international écossaise désignait, au contraire, en tant que loi du domicile du défunt, la loi successorale espagnole. Eh bien, le juge appliqua cette dernière, et voici pourquoi : « La loi écossaise, qui est celle qui dans l'espèce doit être appliquée, n'admet pas la compétence que lui attribue la loi espagnole, c'est-à-dire l'article 10 précité, et se réfère à son tour à celle-ci, par le motif que le défunt ayant laissé des biens meubles... à Barcelone, la loi du territoire est celle qui doit régir la succession ». Comme on le voit, le juge espagnol, à son tour, tombe dans l'erreur qui est devenue en quelque sorte classique et qui maintes fois a été dénoncée dans la présente étude. Il ne remarque pas que la loi écossaise désignée comme applicable par l'article 10 du Code civil espagnol, disposition concernant le conflit des lois, c'est la loi qui, en Écosse, régit la dévolution successorale des biens, et que cette loi, n'ayant nullement trait au conflit de la loi écossaise avec les lois étrangères, ne se réfère pas du tout à la loi espagnole.

Cette sentence fut rendue conformément à une consultation de M. Juan de Dios Trias, professeur à l'Université de Barcelone. Le juge a donc pu se couvrir de l'autorité du jurisconsulte. Mais le jurisconsulte s'était lui-même couvert de l'autorité des jurisprudences belge et française. Il avait reproduit, en se l'appropriant, le raisonnement vraiment puéril qui, d'après un annotateur d'une décision belge, en formait la synthèse (2). Il avait dit : « Lorsque la *lex fori*, ou la loi du lieu, que les tribunaux appliquent dans une espèce déterminée, se réfère à une loi étrangère pour la solution à donner à la question posée et que la loi étran-

(1) *Journ. du dr. int. pr.*, 1901, p. 911.
(2) V. ci-dessus, cette *Revue*, 1906, p. 632.

gère, à son tour, renvoie à la *lex fori*, appliquer cette loi, c'est appliquer du même coup la loi étrangère » (1).

Après cette expérience, donc, je crois pouvoir dire que l'examen des jurisprudences étrangères serait en général sans intérêt. Toutefois, je crois aussi devoir faire exception pour la jurisprudence anglaise. Deux considérations m'y déterminent. M. Westlake, l'éminent professeur de Cambridge, qui représente avec tant d'autorité le droit international anglais dans les délibérations de l'Institut de droit international, tout en inclinant personnellement vers les doctrines continentales, et pour qui ses collègues ont une si profonde estime et déférence, a déclaré, lors de la session de La Haye , qu'en Angleterre, dans la plupart des cas où la question s'est présentée (en matière de droit successoral seulement, d'ailleurs), on l'a résolue par l'acceptation du « renvoi ». D'autre part, M. Ambroise Colin, dans sa note sur l'arrêt de la Cour de Pau, s'est particulièrement attaché à donner d'une sentence anglaise récente une interprétation favorable à l'idée que la jurisprudence anglaise est un exemple qui doit encourager notre Cour suprême à persister dans son premier sentiment. Quelle est donc cette jurisprudence, dont nous aurions à tenir un si grand compte?

En 1898, à La Haye, M. Westlake, d'après le procès-verbal, s'exprima devant l'Institut de droit international dans les termes suivants : « En Angleterre, la plupart des arrêts qui ont eu à statuer sur la question ont embrassé la doctrine du renvoi. Mais, comme toujours, les arrêts anglais ne se sont inspirés que des raisons particulières à la difficulté qui leur était soumise. Aussi l'application de la théorie du renvoi n'a-t-elle été faite par eux qu'en matière de droit successoral. Et avec raison, parce que, si la théorie du renvoi est bonne dans certains cas, elle ne l'est pas dans tous. En effet, la nécessité d'appliquer dans un pays les lois étrangères n'est ni fondée ni limitée, soit par la courtoisie, comme tout le monde le reconnait, soit par le principe de la souveraineté. C'est de la justice qu'elle dépend et c'est elle qui doit guider le choix que la souveraineté permet, mais ne dirige pas... L'exemple de la jurisprudence britannique paraît probant. On sait qu'en Angleterre la règle générale est que

(1) *Journ. du dr. int. pr.*, 1901, p. 908.

(2) *Annuaire de l'Institut de droit international*, t. XVII, p. 217.

la loi qui régit la succession mobilière est la loi du domicile et l'on entend par là le domicile de fait. Or, voici une espèce : Un Anglais domicilié *de fait* en France, y meurt, en laissant des meubles en Angleterre. La loi de la France, où la succession se trouve être ouverte, dira que ces meubles, comme toute la partie mobilière de la succession, seront régis par la loi du domicile *de droit*, c'est-à-dire, dans l'espèce, la loi nationale du défunt, c'est-à-dire la loi anglaise. Est-ce que cette dernière loi, en statuant sur les meubles qui se trouvent en Angleterre, doit refuser le renvoi à elle fait? Non... ».

Quelles que fussent les réserves dont M. Westlake avait entouré son adhésion partielle à la « théorie du renvoi », j'en fus surpris; car l'acceptation ou la négation du « renvoi » se lie étroitement à la manière dont on conçoit le phénomène consistant à appliquer dans un pays, non la loi locale, mais la loi de quelque autre pays, et la seule doctrine générale qui, à ma connaissance, existât sur ce point en Angleterre était incompatible avec l'acceptation du « renvoi » par un jurisconsulte anglais. C'était la doctrine que M. Frédéric Harrison avait incidemment émise (1). Expliquant pourquoi l'expression de conflit des lois lui paraissait défectueuse, M. Harrison avait dit : La loi d'Angleterre admet que la loi française régit la forme du mariage célébré en France ou la forme du testament fait en France par un Anglais qui y est domicilié, non parce que la loi anglaise a le dessous dans un conflit ou une collision avec la loi française, mais parce que la loi d'Angleterre décide qu'un testament est régulier en la forme lorsqu'il est fait conformément à la loi du domicile du testateur, et que, pareillement, les formalités du mariage sont régies par la loi du pays où il est célébré. Il n'y a point là de conflit et il n'y en a jamais eu : c'est simplement la loi d'Angleterre... Décider d'après quelles règles les tribunaux anglais statueront en jugeant une affaire, c'est une pure question de droit anglais.

Dans ce passage, il y a deux choses. L'auteur se propose directement et manifestement de critiquer la dénomination traditionnelle de « conflit de lois », qui ne traduit pas, à ses yeux,

(1) Frédéric Harrison, professor of jurisprudence, Inns of court, *Le droit international privé ou le conflit des lois au point de vue analytique, particulièrement en Angleterre* (J. dr. int. pr., 1880, p. 585).

l'idée qu'il se fait de la difficulté connue sous ce nom. Mais en traitant ce point, secondaire en somme, il indique la façon dont il entend l'application dans un pays des lois étrangères. Or, quelle est précisément sa doctrine?

Est-ce, comme il semble au premier abord, un simple emprunt fait au droit étranger? Contre cette idée, M. Harrison proteste formellement en ces termes (1) : « Il ne servirait à rien de dire que le droit intermunicipal est cette partie de tout système de droit municipal empruntée à un autre système de droit municipal. Par exemple, quand le droit anglais reconnaît la validité d'un mariage entre personnes anglaises conclu en Écosse sans l'assistance de prêtre ou d'officier public, pourvu que ce mariage soit valide d'après la loi écossaise, le droit anglais n'adopte pas la loi écossaise sur le mariage, ne lui fait aucun emprunt et ne l'incorpore dans son système légal ni d'une manière permanente ni d'une manière temporaire. La loi anglaise, sujette à certaines exceptions strictement définies, admet la validité de tout mariage célébré conformément aux formes légales du lieu de célébration. Mais c'est là une règle de droit anglais et non de droit écossais ».

Soit. Mais, si cette règle relève du droit anglais, non du droit écossais, l'observation des lois étrangères, dont elle est un exemple, s'explique encore moins par la soumission du législateur local aux législateurs étrangers que par un emprunt volontaire et spontané fait à leur droit. M. Frédéric Harrison paraît ne pas avoir connaissance, en 1880, de la doctrine émise en 1874 par Mancini; il n'en dit rien. Assurément, s'il savait que l'on a proposé d'admettre, en matière de droit privé, l'empire des lois nationales hors de leurs frontières, il s'élèverait énergiquement contre une telle doctrine; car elle est contraire au principe de la souveraineté territoriale des États, sur lequel pour les Anglais repose tout le droit international. M. Frédéric Harrison rappelle, çà et là, ce principe. « C'est à la fois, dit-il quelque part (2), une règle du droit public, du droit international et de tout système municipal (3) que chaque État souve-

(1) *Loc. cit.*, p. 540.

(2) *Loc. cit.*, p. 538.

(3) Pour M. Harrison, le droit *international* est ce que l'on nomme généralement le droit international public; le droit *municipal*, ce que l'on nomme

rain a une juridiction exclusive sur toute personne, tout acte et toute chose dans ses limites territoriales, et par suite sur toutes les causes se produisant dans ses limites... Le droit international privé a pour base un principe général du droit international public : savoir la souveraineté territoriale exclusive des États ».

Reste un troisième parti, qui consisterait à dire, comme disaient autrefois les jurisconsultes hollandais Voet et Huber, que le souverain local, en faisant place aux lois étrangères, agit par courtoisie. Mais M. Frédéric Harrison écarte également cette idée. Rappelant l'importance qu'elle eut autrefois dans la théorie hollandaise des statuts, il en fait une critique très vive, qui se termine par cette condamnation radicale : « En droit intermunicipal, l'expression de *courtoisie* ne nous apprend rien et ne fait que suggérer des notions erronées. Il est absurde de la présenter comme base du droit intermunicipal, qui repose sur la même base que le reste du droit : l'intérêt public prouvé et tel que l'a compris l'autorité souveraine ».

Mais, en dehors des trois systèmes qui viennent d'être passés en revue et que M. Harrison a successivement repoussés, comment justifier l'application des lois étrangères ? Il ne suffit pas de dire que la règle suivant laquelle en Angleterre on doit, quant à la forme, apprécier la validité d'un mariage ou d'un testament d'après telle ou telle loi étrangère est une règle du droit anglais ; il faut expliquer cette règle, en faisant connaître à quel titre le droit étranger s'adapte au droit anglais. M. Harrison ne le fait pas. Mais sa pensée me paraît être, au fond, très voisine du premier système. Lorsqu'il refuse de considérer l'application des lois étrangères, ordonnée par un souverain sur son territoire, comme un emprunt fait au droit étranger, c'est le mot qu'il répudie, me semble-t-il, non la chose : en dépit de ses protestations, le droit local s'approprie, fait siennes les lois étrangères qu'il déclare applicables. Au reste, l'auteur, quelque part [1], le reconnaît lui-même en disant : « Le *corpus juris* anglais (si je puis m'exprimer ainsi) détermine les conditions auxquelles les principes du droit étranger peuvent se combiner avec ceux qu'il édicte ». Vainement ajoute-t-il aussitôt : « Mais

généralement le droit interne ou national ; le droit *intermunicipal*, ce que l'on nomme généralement le droit international privé.

(1) *Loc. cit.*, p. 541.

les principes des autres systèmes ne deviennent pas une partie de notre propre *corpus juris* ». Deux principes ne sauraient se combiner sans s'incorporer l'un à l'autre. Peut-être même le fond de la pensée, chez M. Harrison — et finalement j'incline à le croire — est-il que l'incorporation ou la combinaison de la loi étrangère avec le droit local est si intime et complète qu'il ne subsiste rien de la loi étrangère, que cette loi s'absorbe dans la loi locale, n'en forme plus qu'une modalité. C'est peut-être pourquoi les expressions d'« emprunt », d'« adoption » ne le satisfont pas : elles seraient, à ses yeux, non pas fausses, mais insuffisantes; elles ne traduiraient pas complètement la « combinaison » par laquelle doit s'expliquer l'application des lois étrangères.

Quoi qu'il en soit de cette conjecture, ce qui résulte en somme certainement de la remarquable dissertation du jurisconsulte anglais, c'est qu'en Angleterre l'application des lois étrangères est l'œuvre propre du juge, à la fois interprète et, comme organe du souverain, créateur du droit (1); c'est qu'elle consiste en la désignation de telle ou telle loi étrangère de droit interne bien déterminée, suivant laquelle un acte juridique, par exemple un testament ou un mariage, passé en pays étranger, doit être apprécié par les tribunaux anglais; c'est qu'en statuant ainsi, le juge proclame une règle anglaise, conforme à l'esprit du droit anglais, commandée par l'intérêt public tel qu'il est compris par l'autorité souveraine anglaise. Or, une telle conception du droit international privé ne peut absolument pas se concilier avec l'acceptation du « renvoi », qui serait le consentement du juge à remplacer la règle anglaise par une règle étrangère, d'esprit différent, dictée par des vues tout autres.

Cependant M. Westlake, devant l'Institut de droit international, en 1898, affirma que, relativement à la succession mobilière tout au moins, les cours anglaises avaient, dans la plupart des cas où la question s'était élevée, donné leur adhésion au « renvoi ». Qu'en fallait-il conclure? M. Frédéric Harrison avait-il inexactement interprété la jurisprudence, ou bien les juges avaient-ils, en une certaine matière, méconnu leurs principes? La réponse était malaisée. M. Westlake, en effet, pour justifier les arrêts auxquels il faisait allusion, se bornait à dire qu'ils

(1) Sur ce point de vue, M. Frédéric Harrison abonde en renseignements auxquels je ne puis, ici, m'arrêter.

s'étaient inspirés des raisons particulières aux litiges, et lui-même n'en donnait que des motifs un peu vagues ou puisés dans des considérations d'utilité plutôt que dans une doctrine.

Mais, lors de la session de l'Institut de droit international à Neuchâtel, en 1900, M. Westlake, réclamant noblement « en sa personne la liberté de se mieux instruire, qui est la raison d'être de l'Institut de droit international », vint déclarer que, maintenant le « renvoi » lui paraissait devoir être admis en toute matière, non pas seulement pour la dévolution successorale des meubles, et, de plus, faire à l'appui l'exposé d'un système de droit international privé propre à l'Angleterre (1). Plusieurs fois déjà, à d'autres points de vue, j'ai fait connaître les vues de M. Westlake. Il s'en dégage que l'application des lois étrangères par la justice anglaise, au moins en matière d'état et de capacité des personnes ou de succession mobilière, doit s'expliquer de la façon suivante : si, pour les personnes de nationalité quelconque domiciliées hors d'Angleterre, la loi applicable est la loi de leur domicile, ce n'est pas qu'une règle de droit international anglaise attribue directement compétence à cette loi, c'est que le droit anglais se désintéresse des personnes domiciliées hors d'Angleterre et, ne statuant rien à leur égard, accepte ce que statue le droit du pays où elles ont leur domicile. C'est pourquoi, d'après M. Westlake, lorsque la règle de droit international privé en vigueur au lieu du domicile investit de la compétence la loi anglaise, les juges anglais ne refusent pas d'appliquer cette loi. Ce faisant, ils s'inclinent, sinon devant un véritable « renvoi », qui donnerait lieu lui-même à un autre « renvoi » et déterminerait un cercle vicieux, du moins devant un fait qui produit l'effet du « renvoi », sans qu'un cercle vicieux en résulte.

Voilà, certes, une théorie tout autre que celle que M. Frédéric Harrison a déduite aussi de la jurisprudence anglaise. Mais est-elle bien la « théorie du renvoi », du moins au sens large du mot ? M. Westlake ne s'est-il pas fait illusion quand il a motivé son intervention dans le débat en disant que, sans accepter le mot, il adhérait à la chose et que, par conséquent, il serait « hypercritique s'il ne se rangeait pas du côté des partisans du renvoi » ? Je le crois, car ce « renvoi » n'est pas celui dont il s'agissait, sur lequel portait la discussion engagée dans l'assemblée de l'Insti-

(1) *Annuaire de l'Institut de droit international*, t. XVIII, p. 35, 167, 168.

tut de droit international. Il manque à la théorie de M. Westlake, pour être la « théorie du renvoi », un élément essentiel, à savoir la désignation faite en premier lieu par le législateur anglais lui-même d'une loi étrangère comme devant être appliquée par les juges anglais de préférence à la loi anglaise. Dès lors, elle n'offre rien de ce qui motive nos protestations contre la « théorie du renvoi ». Puisque le législateur anglais, à l'égard de toutes personnes, même de nationalité anglaise, domiciliées à l'étranger, se désintéresse du point de savoir quelle loi leur est applicable, puisqu'il s'abstient de décider là-dessus quoi que ce soit, on ne peut lui faire le reproche de se déjuger, s'il se conforme à la décision d'un autre législateur. Ses juges pourront appliquer sa propre loi de droit interne, en vertu d'une règle de droit international étrangère, sans se soumettre à une volonté contraire à la sienne. A la vérité nous estimerons, avec M. Labbé, que le législateur anglais, en abandonnant aux législateurs étrangers le règlement d'une difficulté où sont impliquées ses propres lois, ne remplit pas tout son devoir, mais, du moins, nous ne serons pas fondés à lui imputer une conduite contradictoire et inintelligible. En d'autres termes, si l'idée que se fait M. Westlake du droit international privé propre à l'Angleterre est exacte, il en résulte que, dans le système anglais, la compétence législative sur le conflit des lois concernant l'état et la capacité des personnes ou la succession mobilière appartient au souverain du pays où sont domiciliées les personnes. C'est le domicile qui désigne le législateur compétent, tandis que, pour M. Frédéric Harrison, c'est le territoire où se juge le litige et que pour M. Fiore c'est la nationalité. De même que le droit anglais s'étend aux étrangers domiciliés en Angleterre, de même toutes personnes, quelle que soit leur nationalité, sont soumises au droit tout entier des pays étrangers où elles ont leur domicile. Et dès lors il n'est pas incorrect qu'en Angleterre les juges consultent ce droit, qu'ils se conforment à la règle de droit international par lui posée, que par conséquent ils appliquent, selon ce que prescrira cette règle, ou bien la loi successorale du lieu du domicile, ou bien leur propre loi successorale.

Je rapprochais, tout à l'heure, la théorie de M. Westlake de celle de M. Fiore, précédemment analysée [1]. Mais, tandis que

(1) V. cette *Revue*, 1907, p. 52 et s.

j'ai dû réfuter la doctrine de M. Fiore, parce qu'elle est dangereuse pour nous, les règles italienne et française de droit international étant identiques en ce qui concerne le statut personnel et, quant à la succession mobilière, d'après notre jurisprudence, à peu près semblables, je n'ai pas à critiquer la doctrine de M. Westlake, parce que pour nous, au point de vue de la « théorie du renvoi », elle est sans importance. Là, j'étais en présence d'une interprétation du droit international franco-italien de nature à le bouleverser dans sa base même ; il s'agit ici d'un système du droit international profondément différent du nôtre et qui ne saurait avoir chez nous la moindre influence. Peu nous importe donc que l'interprétation la plus exacte en soit celle de M. Harrison ou celle de M. Westlake. A l'égard de cette dernière, il me suffit de constater encore une fois que la conclusion qu'en a tirée son auteur en faveur du « renvoi », tel qu'il le concevait, ne venait pas à l'appui de la « théorie du renvoi » soumise à l'Institut de droit international, que les questions traitées par l'Institut d'une part, et par M. Westlake, de l'autre, étaient vraiment trop dissemblables pour être comparées. Par conséquent, alors même que, selon l'affirmation de M. Westlake, un grand nombre de décisions anglaises auraient accepté le « renvoi », tel qu'il l'entend, nous n'aurions en France nul compte à en tenir.

Il n'est pas sans intérêt, cependant, de vérifier les allégations qui attribuent à la jurisprudence anglaise des vues sur la « théorie du renvoi » dont devrait s'inspirer la jurisprudence française. Il suffira, pour cela, d'examiner de près quelques décisions, celles, au sujet desquelles nous avons des indications suffisantes.

Dans son *Traité de droit international privé* (1) M. Westlake, après avoir sommairement indiqué qu'en Angleterre on admet l'étroite connexité de la succession mobilière et du statut personnel et que l'on pousse même cette idée au point d'en déduire la compétence de la loi du domicile du défunt quant à la forme de son testament, nous donne l'énumération d'une série d'affaires dans lesquelles, à son avis, les Cours anglaises ont, sur ce point, accepté le « renvoi ». « Un conflit, dit-il, s'est élevé entre cette règle anglaise de droit international privé et la règle plus généralement reçue qui permet de considérer comme valable l'acte fait selon la forme du *locus actûs*. Et les cas où ce conflit

(1) *A treatise on private international law* (4e édition, 1904, p. 87 et s.).

s'est produit ont donné à la justice anglaise l'occasion, dont elle elle a largement usé, de déclarer qu'au sujet de la succession mobilière sa règle de droit international privé lui prescrit de se référer au droit tout entier du pays désigné ou, ce qui est la même chose, au jugement qui serait rendu dans ce pays sur l'affaire. Ces cas sont les suivants... »

Mais les décisions annoncées ne sont pas toutes rapportées en termes précis et suffisamment explicites. Voici celles qu'il est possible de discuter.

Au sujet de la première, M. Westlake nous dit : « Dans l'affaire de *Bonneval* contre de *Bonneval*, remontant à 1838, où la question portait sur la forme d'un testament, Sir Herbet Jenner, ayant décidé que le défunt était domicilié en France, en tira cette conclusion : « Les cours de ce pays sont l'autorité compétente pour apprécier la validité du testament et régler la dévolution de la fortune mobilière, et, comme dans le cas de *Hare* contre *Nasmith*, la cour suspend la procédure, en ce qui concerne la validité du testament, jusqu'à ce qu'il ait été déclaré valable ou non valable par les tribunaux de France ». Après quoi, M. Westlake ajoute : « Conformément à cette sentence, des testaments portant sur des meubles, qui n'avaient pas été faits dans les formes légales du pays où les testateurs étaient domiciliés, ont été admis à l'enregistrement parce qu'il fut prouvé que dans ces pays ils auraient été tenus pour valables ». L'auteur sous-entend, sans doute, que les testaments dont il s'agissait, non conformes aux lois du pays où les testateurs avaient leur domicile, étaient conformes aux lois du pays où ils avaient été faits. Mais il ne nous dit pas quels étaient ces derniers et, semble-t-il, ce n'était pas l'Angleterre.

M. Westlake cite ensuite une affaire *Trufort*, jugée en 1887, sur laquelle il s'exprime ainsi :

« Le juge Stirling avait à rechercher quel est le sens de notre principe du domicile à propos du partage de la succession mobilière d'un citoyen suisse domicilié en France. En ce qui concernait cet individu, le droit français reconnaissait l'autorité de la Suisse à un double titre : en vertu de l'importance qu'il donne généralement à la nationalité; par suite aussi du traité franco-suisse de 1869. D'autre part, il existait une décision judiciaire prononcée en Suisse. Le savant juge, statuant comme on l'avait fait dans les cas relatifs aux formes des testaments, déclara : « La demande portée devant notre cour a été correctement soumise aux tribunaux qui, suivant le droit du domicile du défunt, étaient particulièrement compétents pour en connaître... Je suis lié par cette décision ».

Ces arrêts sont-ils entièrement conformes à la théorie personnelle de M. Westlake ? Il est permis d'en douter. Les cours anglaises, en présence d'une règle du droit international anglais donnant compétence à la loi du pays étranger où le défunt avait son domicile, non seulement ont pensé qu'il appartient au droit international étranger de dire quelle loi de droit interne est applicable, ce à quoi semble s'arrêter M. Westlake, mais elles se sont même refusé compétence pour statuer. Elles paraissent donc avoir poussé le désintéressement dont parle M. Westlake plus loin encore qu'il ne le fait lui-même. Elles se sont, en tout cas, plus éloignées encore que M. Westlake de la « théorie du renvoi » que nous discutons en France.

D'autre part, à supposer qu'elles aient cru suivre cette doctrine, ce qui est extrêmement improbable, elles l'ont fait en un sens autre que celui dont il s'agit dans le présent débat. Dans cette discussion, nous avons affaire à un « renvoi » qui, à l'occasion de litiges soumis aux cours anglaises, aurait pour effet de ramener ces cours à l'application des lois anglaises elles-mêmes. Or, les lois appliquées dans les affaires de Bonneval, Trufort et autres, sans être celles de France, ne furent pas non plus celles d'Angleterre ; elles furent, soit celles de tiers pays non désignés, soit la loi suisse. En d'autres termes, suivant la terminologie allemande, alors que nous avons affaire au *rückverweisung* (renvoi en arrière, à la loi du pays même d'où est partie la première désignation de compétence), les cours anglaises, à supposer qu'elles aient voulu se conformer à un renvoi, ont observé le *weiterverweisung* (renvoi dans une autre direction, à la loi d'un tiers pays). Ce n'est pas, il est vrai, que ces deux sortes de « renvoi » aient une origine différente : « ils puisent l'un et l'autre leur principe dans l'idée que la loi désignée par la première référence est une règle de droit international privé ». Mais, si des objections communes peuvent leur être opposées, chacun d'eux suscite aussi des critiques particulières. Et, je le répète, c'est le *rückverweisung* qui seul est l'objet de la présente controverse. Par conséquent, donner des exemples de *weiterverweisung* c'est sortir de la question ou commettre une nouvelle confusion, en une matière où les équivoques sont déjà trop nombreuses.

Jusqu'à présent, donc, les arrêts cités par M. Westlake à l'appui de son opinion ne lui sont qu'à demi favorables. Que dire, maintenant, d'une troisième décision dont il se prévaut également? Il s'agit d'une sentence rendue par le juge Farwell, en 1903, dans une affaire *Johnson*, entre les consorts Robert et l'Attorney général.

Tout d'abord, il convient de remarquer que c'est une décision singulièrement obscure; car il faut l'interpréter et des interprétations bien différentes de celle de M. Westlake, et d'ailleurs diverses, en ont été proposées par d'autres jurisconsultes anglais.

A l'opposé de l'opinion de M. Westlake, M. Oliver E. Bodington, auteur d'une dissertation insérée dans un journal judiciaire anglais (1), rapproche la décision anglaise concernant l'affaire Johnson de la décision française relative à l'affaire Samory et les présente comme également contraires à la « théorie du renvoi ». L'article a pour titre : *A breach on the doctrine of* Renvoi, et débute ainsi : « Deux arrêts récents, l'un des cours anglaises, l'autre des cours françaises, rendus l'un et l'autre par des juges d'une haute autorité et tous deux fondés sur des arguments d'une grande valeur, ont ébranlé dans ses fondements la théorie du renvoi ».

M. Dicey ne partage pas plus le sentiment de M. Bodington que celui de M. Westlake. Appréciant, dans la *Law quarterly Review* de juillet 1903, la sentence que venait de provoquer l'affaire Johnson, il estime que cette décision « n'est d'accord ni avec l'opinion des jurisconsultes qui attaquent la doctrine du renvoi, ni avec celle des jurisconsultes également éminents qui la soutiennent (2) ».

Moins formel à cet égard, dans une importante étude sur la « théorie du renvoi (3) », M. Pawley Bate reconnaît (4) que la Cour a considéré le principe du renvoi comme de nature à justi-

(1) *The law Times*, 1906, p. 237.

(2) Ce renseignement est donné par M. Sewell, dans une dissertation qui sera ci-après mentionnée.

(3) *Notes on the doctrine of* Renvoi *in private international law* (London, Stevens, 1904).

(4) *Loc. cit.*, p. 19 *in fine* et 20.

fier sa décision, mais il n'affirme pas qu'elle en ait fait la base de son arrêt.

Enfin, tout dernièrement, M. Sewell[1], après avoir, à son tour, analysé la jurisprudence anglaise et la plupart des commentaires qu'a suscités l'arrêt rendu dans l'affaire Johnson, conclut ainsi : « Par la courte revue qui précède, on peut voir que, jusqu'à ce que les cours anglaises de dernier ressort aient eu l'occasion après un débat complet de se prononcer sur ce sujet important, la question ne peut être regardée comme entièrement épuisée ».

L'arrêt Johnson a donc provoqué l'attention en Angleterre, comme l'arrêt Samory en France. Aussi mon collègue, M. Ambroise Colin, dans sa note sur l'arrêt rendu par la Cour de Pau, après avoir fait appel — selon moi bien à tort — aux jurisprudences étrangères pour soutenir l'ancienne jurisprudence de notre Cour suprême, a-t-il cru devoir s'expliquer au sujet de la sentence anglaise. De même que M. Westlake, il l'a interprétée comme favorable à la « théorie du renvoi ». « Cette affaire, a-t-il dit, la première où, s'il faut en croire M. Bate, l'expression de *Renvoi* ait été prononcée devant une Cour anglaise, a été considérée par plusieurs personnes comme marquant un changement de fond de la jurisprudence britannique de nature à déterminer un pareil revirement dans la nôtre. Or, à notre avis, il en ressort un enseignement diamétralement opposé ».

Une telle divergence d'opinions donne lieu, tout d'abord et tout au moins, de présumer que rien de certain, quant à la « théorie du renvoi », ne résulte de l'arrêt Johnson. Est-ce à dire qu'il soit une pure énigme? Non; à l'examiner de près, sans se contenter, comme on le fait généralement, de considérer l'espèce et la sentence, en prenant attentivement connaissance des motifs exposés par le juge dans une ample dissertation, suivant la coutume anglaise, on peut en saisir, au moins approximativement, le sens et la portée. Et, pour moi — je le dis dès maintenant —, de toutes les appréciations qu'il a suscitées, c'est celle de M. Dicey qui me paraît être la plus exacte. Elle est, toutefois, trop sommaire, si elle se borne aux termes que rapporte M. Sewell. Il ne suffit pas de dire que l'arrêt n'est ni favorable ni défavorable à la « théorie du renvoi », ce qui semblerait faire

(1) *Du renvoi d'après la jurisprudence anglaise en matière de succession mobilière*, dans cette *Revue*, 1907, p. 507.

entendre qu'il en méconnaît l'existence; car elle y est délibérément envisagée; le juge se rend compte de l'intérêt qu'il aurait à prendre parti pour le « renvoi » : ce serait un moyen de justifier sa décision, qui sera l'application d'une loi interne anglaise, alors que la règle anglaise de droit international privé lui désignait une loi interne étrangère; mais il s'en abstient, parce qu'il craint d'encourir certains reproches adressés à la « théorie du renvoi », et, pour atteindre son but sans y recourir, il invente une doctrine singulière, dont plusieurs jurisconsultes anglais contesteront la vérité. Certains passages de sa dissertation, d'ailleurs, semblent attester qu'il incline vers le rejet plutôt que vers l'acceptation du « renvoi », tel, du moins, que sur le continent nous l'entendons et le discutons. Et c'est pourquoi l'arrêt Johnson prête à tant d'interprétations diverses(1).

Marie-Elisabeth Johnson était née à Malte, en 1810. Elle était née, hors mariage, d'un Anglais et d'une Maltaise domiciliés, le premier en Angleterre, la seconde à Malte. Mais, cinq ans après, ses parents, tout en conservant leurs domiciles respectifs, s'étaient mariés à Malte; d'où était résultée sa légitimation, d'après le droit commun du pays. Miss Johnson quitta Malte, en 1832 ou 1833, et n'y retourna jamais. Elle fit un testament, contenant des legs de sommes d'argent et la nomination d'exécuteurs testamentaires. Elle était alors domiciliée à Fribourg, dans le Grand-Duché de Bade. Elle y avait encore son domicile, à sa mort, en 1894, mais sans avoir perdu par une naturalisation la nationalité anglaise. Elle laissait, pour partie à Fribourg, pour partie en Angleterre, des biens mobiliers, dont la valeur excédait celle des legs.

La validité du testament n'était pas en cause. Il s'agissait de savoir quelle loi devait régir la succession quant aux biens mobiliers non absorbés par le testament et situés en Angleterre. Et cette question générale en contenait deux plus précises. Tout d'abord, fallait-il choisir la loi du Grand-Duché de Bade, à raison du dernier domicile de la défunte, ou bien, à raison de sa nationalité, l'une des lois de l'Empire britannique? En second lieu, dans ce dernier cas, fallait-il s'attacher particulièrement à la loi d'Angleterre ou à la loi de Malte? Toutes les

(1) Il m'a été possible de faire cette analyse grâce à l'obligeance particulièrement courtoise de mon contradicteur lui-même, M. Ambroise Colin, qui m'a communiqué le texte de la dissertation du juge Farwell.

parties s'accordèrent à mettre hors de cause la loi successorale de Bade. Les exécuteurs testamentaires soutinrent que la loi d'Angleterre était la loi compétente. Les personnes que la loi de Malte désignait comme les plus proches parents de la défunte prétendirent que cette loi devait prévaloir. Au nom de l'attorney général, il fut dit que la couronne se désintéressait pécuniairement de l'affaire, mais qu'il était d'intérêt général qu'une règle fût posée, assez satisfaisante pour être suivie non seulement par les cours anglaises, mais par toutes les cours de l'Empire, et que la règle la meilleure était, dans les circonstances de la cause, de s'attacher à la loi du domicile originaire du défunt. Tel fut aussi le sentiment du juge Farwell, qui, par conséquent, se prononça pour la loi successorale de Malte.

En quoi cette décision touche-t-elle à la « théorie du renvoi »? Comment se fait-il que les uns la considèrent comme favorable à cette doctrine, les autres comme en impliquant, au contraire, la condamnation? La réponse doit être cherchée dans la copieuse dissertation dont la sentence est accompagnée. Mais, pour la trouver, je ne suivrai pas toujours le même ordre que le juge; sa pensée ressort plutôt de l'ensemble du discours.

La difficulté, disais-je tout à l'heure, était double. Elle tenait : premièrement, en ce qui concernait le point de savoir lequel devait l'emporter du droit britannique ou du droit badois, au fait que, d'une part, la règle de droit international anglaise attribuait compétence à la loi du dernier domicile de la défunte, alors qu'au contraire la règle de droit international badoise déclarait applicable sa loi nationale; secondement, si l'on écartait le droit de Bade, à ce que, dans l'Empire britannique, les lois sont diverses et qu'il y avait lieu de se demander, à ce point de vue, laquelle devait prévaloir de la loi anglaise ou de la loi maltaise.

Après avoir posé le problème, au moins quant à la première question, le juge affirme, en termes catégoriques, la règle admise dans le droit international privé d'Angleterre : « Les droits des parties qui réclament devant une Cour anglaise les biens mobiliers d'une personne décédée sans testament sont déterminés par la loi du domicile qu'avait le défunt à sa mort. C'est un principe certain du droit anglais que personne ne peut être sans domicile. Chacun prend, à sa naissance, le domicile de son père, s'il est enfant légitime ; s'il ne l'est pas, celui de sa mère. Par la suite, il peut acquérir un domicile de choix. Mais, tant qu'il ne l'a pas fait, il garde son domicile d'origine. Et ce domicile d'origine, il le recouvre, s'il vient à abandonner le domicile qu'il a choisi. Conformément à la définition formulée par lord Westbury, dans *Udny* c. *Udny* et citée par lord Watson, le domicile de chacun est une conclusion que la loi déduit du fait qu'une personne a fixé volontairement son unique ou principale résidence en tel lieu, avec l'intention de l'y maintenir pour un temps illimité. La conclusion que le droit anglais déduit de ce fait, c'est que son auteur s'est ainsi placé sous l'empire du droit du territoire dans lequel il s'est volontairement établi ; de sorte que c'est ce droit qui devient la mesure de sa capacité personnelle, de laquelle dépend sa majorité ou sa minorité, sa succession, son état de testateur ou d'intestat ».

Telle étant la règle de droit international anglaise, il semble que logiquement le juge va déclarer applicable la loi successorale de Bade, puisque c'est sous l'empire de cette loi que la défunte s'était placée quant à sa succession mobilière. C'est ce qu'ont fait plusieurs fois nos tribunaux relativement à la succession mobilière de Français qui, à leur mort, étaient domiciliés en pays étranger. C'est ce que ferait vraisemblablement un tribunal danois à l'égard de la succession de Danois domiciliés à Bade. C'est à cela qu'aboutirait le système de M. Frédéric Harrison précédemment exposé. Ce faisant, un juge anglais ne tiendrait aucun compte de la règle de droit international badoise, qui désigne comme compétente la loi nationale du défunt, et, par conséquent, sans condamner expressément la « théorie du renvoi », il ne l'évoquerait non plus d'aucune manière.

Or, ce n'est pas ainsi que procède le juge Farwell. Aussitôt après avoir formulé comme on l'a vu la règle de droit international anglaise, il envisage la règle de droit international badoise. « Mais, dit-il, si je considère les lois de Bade à l'époque du décès de la testatrice, le droit municipal dont elle avait, conformément à notre droit, recherché le bénéfice, je trouve que les tribunaux de Bade ne prêtaient au domicile aucune attention, que pour eux la testatrice était de naissance une étrangère et n'avait fait, de son vivant, aucun acte de nature à placer sa succession mobilière sous l'empire de leur loi, que, d'après leur droit, sa succession mobilière était régie par la loi du pays auquel, à sa mort, elle ressortissait comme sujette. »

Il devient, dès ce moment, inexact de présenter l'arrêt Johnson comme une condamnation de la « théorie du renvoi ». M. Bodington a tort de l'assimiler à l'arrêt Samory ; il en est très différent. M. Ambroise Colin, au contraire, a raison d'affirmer que le juge anglais n'a nullement adopté la distinction fondamentale que proposent les adversaires du « renvoi », la distinction des lois de droit interne et des règles de droit international privé. Dans l'affaire Johnson, dit-il, les principes anglais commandaient au juge l'application de la loi de Bade. C'était là la règle de droit international anglais, règle souveraine et qui, suivant la distinction proposée, devait être appliquée d'une manière inflexible, sans souci des autres systèmes de droit international suivis ailleurs. Et cependant le juge anglais l'écarte et renonce à l'application de la loi compétente... » C'est vrai. M. Westlake, de même, pourrait faire observer que le juge Farwell s'est inspiré de l'idée que dans une législation les règles de droit international se confondent avec les lois de droit interne.

Mais, d'autre part, est-ce à dire que MM. Westlake et Colin soient fondés à revendiquer l'arrêt Johnson? M. Westlake estime qu'effectivement cette décision lui est favorable. « Sur le point essentiel, dit-il (c'est-à-dire sous une réserve qu'il a précédemment faite), ce jugement fut conforme à la doctrine que j'ai proposée... » M. Colin, de son côté, non seulement refuse de reconnaître que l'arrêt Johnson « marque un changement de fond de la jurisprudence britannique de nature à déterminer un pareil revirement dans la nôtre », mais va jusqu'à dire : « A notre avis, il en ressort un enseignement diamétralement opposé ». Eh bien, ces appréciations sont, à mes yeux, moins justes encore que n'est celle de M. Bodington.

S'il est excessif de voir en l'arrêt Johnson, pour la « théorie du renvoi », une condamnation catégorique, il ne l'est pas d'y voir un échec.

Le juge Farwell, en effet, invité à faire application de cette doctrine et qui la ferait volontiers, puisqu'il réaliserait ainsi son intention, qui est de régler la succession suivant une loi britannique, en somme ne le fait pas et c'est de propos délibéré qu'il prend ce parti.

Que la « théorie du renvoi » ait été envisagée et discutée dans cette circonstance, rien n'est plus certain ; c'est le juge lui-même qui, au cours de sa dissertation, nous l'apprend : « La question du « renvoi », sans doute, a suscité de grandes divergences d'opinions chez les jurisconsultes étrangers et anglais. L'affaire Forgo, exposée tout au long dans le livre de M. Sewell sur le droit français intéressant les sujets britanniques (1897, p. 46), fut pendant un certain temps considérée comme ayant fixé le droit sur ce point en France. Mais cette jurisprudence non seulement a été attaquée par MM. Labbé, Laurent, Lainé et Tournade, mais n'a pas été suivie dans deux récentes affaires par la Cour d'appel de Paris (1). C'est une question discutée par M. Bartin..., par M. Keidel..., et par M. Pasquale Fiore... L'Institut de droit international, dans sa session de Neuchâtel, en 1900, l'a débattue et remarquable est la divergence d'opinions qui s'est alors produite entre jurisconsultes autorisés ».

Mais M. Farwell n'a pu se déterminer en aucun sens. « J'ai prêté, dit-il, à ces travaux le plus d'attention qu'il m'a été possible, sans y trouver une autorité assez sûre pour en faire la base d'une décision, et ma conclusion est que les adversaires exposent leurs vues relativement à ce qui devrait être plutôt qu'à l'égard du droit positif actuel ; tel est certainement l'objet de la résolution prise à Neuchâtel ».

Sur le sens, au moins apparent, de cette résolution, l'appréciation de M. Farwell est exacte. Il n'en est pas de même au sujet de la controverse qu'a suscitée la jurisprudence française. Mais il est très difficile aux jurisconsultes anglais de comprendre le débat qui s'est élevé en France, de même qu'il est très difficile pour les jurisconsultes français de se rendre compte de ce qu'est devenue la « question du renvoi » en Angleterre. En effet, comme j'en ai déjà fait la remarque, la « théorie du renvoi » se lie étroitement à la théorie générale du droit international privé, et la conception du droit international privé est en Angleterre toute différente de ce qu'elle est en France. Elle est, en outre, — qu'il me soit permis de le dire, — moins formée, moins nette, moins dégagée de la phase des tâtonnements, parce qu'elle est moins ancienne, le droit international privé n'ayant pas été en Angleterre préparé par la théorie des statuts. D'où, là, moins d'unité dans la doctrine que chez nous. On vient de voir que, relativement au sens de la règle anglaise attribuant

(1) Je ne sais à quels arrêts il est fait allusion.

compétence à la loi du domicile, en matière de capacité des personnes et de succession mobilière, l'interprétation de M. Harrison et celle de M. Westlake sont diamétralement opposées. D'autre part, l'opinion des juges Jenner et Stirling, absolument contraire à celle de M. Harrison, diffère jusqu'à un certain point de celle de M. Westlake. Et maintenant on va voir que celle du juge Farwell ne ressemble à aucune autre. Eh bien, de même et nécessairement, on ne peut avoir en Angleterre de la « question du renvoi » qu'une idée vague, imprécise, presque insaisissable. Et c'est pourquoi M. Farwell n'a rien vu dans les travaux qui ont eu pour objet cette question qui pût le déterminer à prendre un parti.

Je me trompe; il y a vu l'argument qui consiste à reprocher au « renvoi » d'aboutir à un cercle vicieux, inextricable. Ce reproche, il ne veut pas l'encourir; contre ce reproche, il s'empresse de protester, aussitôt après avoir constaté le conflit des deux règles de droit international en présence; il veut en purger d'avance la thèse qu'il va soutenir, qui ne sera pas l'acceptation du « renvoi », mais dont l'issue sera la même, à savoir l'application à la succession d'une loi britannique, non celle de la loi successorale de Bade. « Je ne comprends pas, dit-il, que l'on prétende que cela (sans doute la prise en considération de la règle de droit international badoise) a pour conséquence un cercle inextricable, un renvoi sans fin d'un tribunal à un autre; et si l'on m'adressait cette objection, je ne saurais l'admettre ». En effet, cette objection ne pourra lui être faite, puisqu'il va prendre, afin d'y échapper et d'arriver quand même à son but, l'application de la loi de Malte, un autre chemin que la « théorie du renvoi ».

Dès lors, son discours se composera de deux parties. Dans la première, il exposera sa thèse personnelle, sur laquelle sera fondée sa sentence. Il consacrera la seconde à une dissertation sur la « théorie du renvoi », dont il se désintéresse, afin de montrer que la conclusion dérivée de ses conceptions propres ne diffère pas de celle à laquelle conduirait cette doctrine. Ce sera, pense-t-il, justifier deux fois sa sentence.

Le juge vient de nier qu'il soit exposé à tomber dans un cercle vicieux. C'était à bon droit; car le raisonnement qu'il va faire s'éloigne tellement de la « théorie du renvoi » que ce danger n'est pas à craindre. « Voici, dit-il, quelle est, à mon avis, la vérité. La question s'élevant devant une cour anglaise, il faut, en principe, la résoudre conformément au droit que cette cour a mission d'appliquer. Le droit anglais transmet les biens meubles d'après le domicile qu'avait le défunt à sa mort, et ce droit veut que toute personne ait quelque part un domicile, soit d'origine, soit volontairement choisi. Lorsque la cour aura constaté qu'au domicile d'origine on a substitué un domicile de choix, la dévolution successorale des biens suivra ce nouveau domicile. Mais la cour n'en reconnaîtra l'existence que si la preuve lui est faite que ce domicile a été acquis *animo et facto;* cette double condition de l'*animus* et du *factum* est essentielle. Par conséquent, lorsque le droit du pays que l'on dit avoir été choisi comme nouveau domicile refuse de prendre en considération le domicile ou de lui attribuer quelque valeur, il ne peut pas y avoir eu *de facto* changement de domicile, et partant le cas soumis à cette cour équivaut au cas où la personne dont il s'agit aurait projeté mais manqué de se procurer effectivement un domicile de choix. Nul changement de domicile n'a lieu si le *factum* n'est pas établi, et le *factum* ne peut pas exister dans un pays où le droit refuse de le reconnaître. Cette cour, en conséquence, doit conclure qu'un domicile de choix, impuissant à créer des raisons de régir la dévolution des meubles dans le pays où il est censé avoir été choisi, n'est pas du tout à cet égard un domicile et, dès lors, que la personne dont il s'agit a conservé sans modification son domicile d'origine. Les cours badoises, en réalité, se seraient dénié toute juridiction. Voilà quel est, à mes yeux, le résultat logique de l'application de nos règles concernant le domicile, quelle est la solution conforme à la justice ». Et, comme on avait prétendu que la meilleure conduite à tenir serait de renvoyer l'affaire aux tribunaux badois, en leur laissant le soin de dire ce que décidait leur droit relativement à la succession mobilière, le juge répond : « Mais l'unique motif que l'on aurait de leur renvoyer l'affaire serait tiré de notre droit concernant le domicile. Or, ils ne l'ont pas admis ; par là même, ils se sont désintéressés de la personne dont il s'agit et se sont dénié tous titres à régler la dévolution de ses biens meubles; cette personne n'a été chez eux qu'une étrangère. Comment cette cour leur demanderait-elle assistance, quand ils repoussent le seul motif qu'elle aurait de le faire ? »

Telle est la sentence rendue par le juge Farwell. Elle est, à mes yeux, tout à fait singulière. Elle implique une interprétation nouvelle de la règle du droit international anglais d'après laquelle, au cas de décès d'un Anglais domicilié en pays étranger, la loi applicable à sa succession mobilière est la loi de son domicile. A ce point de vue, non seulement, le juge Farwell n'observe pas la doctrine de M. Frédéric Harrison, qu'il semble même ignorer, mais il rompt avec les précédents judiciaires. Les arrêts des juges Jenner et Stirling, ci-dessus rapportés, lui étaient bien connus. Comme on vient de le voir, d'ailleurs, l'une des parties l'avait invité à suivre la même procédure que ses devanciers, en renvoyant l'affaire aux tribunaux badois. Il s'y est formellement refusé. On avait considéré, jusque-là, que le domicile d'un Anglais à l'étranger conférait à la fois au droit international du pays compétence pour déterminer la loi applicable et aux juges du pays compétence pour appliquer cette loi, quand même elle serait autre que celle du domicile. En effet, dans l'affaire *de Bonneval*, ce fut la loi du lieu de l'acte et, dans l'affaire *Trufort*, la loi suisse, désignées l'une et l'autre par le droit international du pays où le défunt était domicilié, qui furent appliquées. Le juge Farwell, au contraire, estime qu'il n'y a plus de compétence ni pour le droit international badois ni pour les juges badois, du moment que la législation de Bade soumet la décision du litige à une autre loi que la loi du domicile et que cette dernière loi n'est pas celle qu'observeraient les juges badois. Un domicile inefficace à ce double point de vue n'est plus un domicile (*no domicil at all*) et des juges qui n'auraient pas à faire application de leur propre loi se récuseraient sans doute eux-mêmes.

Indépendamment de sa nouveauté, quelle est la valeur de cette doctrine? Il ne m'appartient pas de l'apprécier au point de vue du droit anglais, de même que j'ai constaté, sans en faire la critique, la doctrine antérieure. Mais si je m'enquière de ce qu'en pensent les jurisconsultes anglais, je trouve que la plupart ou la combattent, ou la jugent douteuse, ou ne l'acceptent qu'avec des réserves. Au dire de M. Sewell, elle est approuvée par M. Pollock, blâmée par M. Dicey, qui reproche formellement à son auteur d'entendre la question du domicile comme une question de droit, quand elle n'est, d'après la jurisprudence anglaise, qu'une question de fait. M. Pawley Bate « ne voit pas que dans la cause la loi de Malte fût préférable à celle de Bade ». M. Sewell avoue « qu'il ne peut suivre très clairement le raisonnement du savant juge ». M. Westlake lui-même n'accorde pas à la doctrine de M. Farwell une adhésion complète. « On peut remarquer en passant, dit-il, qu'aucune raison ne fut donnée — et vraiment il n'y en a pas — de distinguer entre un domicile de choix et le domicile d'origine à l'égard soit de la succession mobilière, soit du statut personnel en général ».

C'est une observation très juste. Mais M. Westlake n'en tire pas la conséquence qui en dérive et qui, si je ne me trompe, est celle-ci : considérer le domicile de choix comme non existant, lorsqu'il n'a pas pour effet d'attribuer compétence à la loi locale, c'est se condamner éventuellement à traiter de même, dans le même cas, le domicile d'origine et renoncer ainsi totalement à la jurisprudence établie par les arrêts *de Bonneval*, *Trufort* et autres de même nature énumérés par M. Westlake. Le raisonnement auquel a recouru le juge Farwell, peut-être pour éviter la « théorie du renvoi », lui a permis de sortir d'embarras dans la présente affaire, parce que le domicile d'origine y suppléait au domicile de choix; mais le même raisonnement, si le même juge venait à se trouver en présence d'un unique domicile, celui d'origine, l'enfermerait dans une impasse : la règle de droit international anglaise veut que l'on prenne en considération le domicile; or, le domicile, quand il n'attribue pas compétence à la loi locale, est sans valeur; à cela, quelle issue ?

Je n'insiste pas; c'est affaire de droit anglais. Mais, du moins, il me sera permis de protester contre l'interprétation du droit badois sur laquelle est également fondée la sentence. De ce que la règle de droit international dans le Grand-Duché de Bade consistait à faire prévaloir la loi nationale du défunt sur la loi de son domicile, M. Farwell crut pouvoir induire que les tribunaux badois auraient refusé de statuer. C'était croire que la compétence judiciaire est liée à la compétence législative. Or, il peut se faire qu'en Angleterre on ait cette idée, qui d'ailleurs a prévalu dans certaines conventions conclues par la France. Mais, sur le continent, elle est généralement repoussée. Il est de l'essence du droit international privé, sur le continent, que le juge, en certaines matières, soit compétent pour appliquer d'autres lois que celles de son propre pays. C'est ainsi que nos tribunaux, précisément à l'égard de la succession mobilière, décident à la fois que la succession d'un étranger domicilié de fait en France est régie par la loi du pays où se trouvait son domicile de droit et qu'ils ont néanmoins qualité pour appliquer cette loi. Lors de la succession Johnson en 1894, rien, semble-t-il, n'autorisait à croire qu'il en fût autrement dans le Grand-Duché de Bade. C'est aussi le sentiment de M. Dicey, qui, d'après M. Sewell, s'exprime ainsi : « L'arrêt suppose, et sans aucune base sérieuse, que les tribunaux badois auraient refusé juridiction, tandis que ce qu'ils auraient réellement fait n'aurait pas été de refuser juridiction, mais de suivre pour le choix de la loi une règle différente de celle adoptée par les tribunaux anglais ».

En dépit des critiques encourues de la part des jurisconsultes anglais eux-mêmes par l'arrêt Johnson, M. Westlake estime que cette décision lui est favorable. « Sur le point essentiel, dit-il, ce jugement fut conforme à la doctrine que j'ai proposée. La législation badoise ayant mis hors de cause le domicile établi dans le Duché de Bade, les meubles furent partagés comme si ce domicile n'avait jamais existé, par conséquent suivant la loi de Malte. En d'autres termes, le domicile ne fut pas considéré comme base d'une règle arbitraire, mais seulement dans la mesure où il incorpore la personne à une société civile au point de vue du droit privé, partant comme sans valeur là où ce rôle ne lui appartient pas ». Ainsi, suivant la terminologie de M. Dicey, M. Westlake estime que le juge a eu raison d'entendre la question du domicile « comme une question de droit », tandis que d'après M. Dicey, c'est dans la doctrine anglaise une « question de fait ». Je n'ai pas à prendre parti dans ce débat; mais puisque M. Westlake appuie sa conception personnelle du « renvoi » sur l'arrêt Johnson, il me sera permis de rappeler la théorie de M. Westlake, de la comparer à celle de l'arrêt Johnson et d'exprimer l'avis qu'elles sont bien différentes, peut-être même contraires. On a vu précédemment que pour M. Westlake la désignation par le législateur anglais d'une loi étrangère, en tant que loi du domicile, signifie que le législateur anglais s'en remet au législateur étranger, siégeant au domicile, du soin de statuer sur le conflit de lois et d'avance approuve sa décision, quelle qu'elle doive être. C'est en ce sens qu'il y a, d'après lui, « renvoi », fait légitime, devant lequel il faut s'incliner. C'est en ce sens que les arrêts *de Bonneval* et *Trufort* ont été présentés par lui comme des exemples du « renvoi », tel qu'il est compris en Angleterre. Or, voici que dans l'affaire Johnson la cour anglaise, loin de respecter la décision du législateur badois, la tient pour non avenue, ce qui implique la négation que le législateur du domicile ait le pouvoir de statuer comme bon lui semble et la prétention de subordonner sa décision aux vues du législateur anglais. Est-ce qu'une telle interprétation de la règle de droit international anglaise n'est pas diamétralement l'opposé de celle que nous a donnée M. Westlake? Il y a plus encore. On a vu tout à l'heure que M. Westlake, tout en approuvant la doctrine de M. Farwell en ce qu'elle a d'essentiel, estime non fondée la différence entre le domicile de choix et le domicile d'origine qui paraît en résulter. La doctrine de M. Farwell devrait donc, d'après lui, s'appliquer également au cas où l'on se trouverait en présence d'un domicile d'origine. Or, j'ai fait remarquer que la conséquence en serait alors une difficulté vraiment insoluble.

M. Ambroise Colin, de son côté, croyant pouvoir tirer argument de l'arrêt Johnson contre les dernières décisions rendues en France, après avoir fait observer que cet arrêt ne distingue pas entre les lois de droit international et les lois de droit interne — ce qui est juste —, ajoute : « Loin de dire qu'elle accepte comme point de départ l'idée que la souveraineté de l'État admet bien la combinaison du droit national avec les règles qualifiées d'internes d'une autre législation, mais non avec les textes dans lesquels cette même législation statue sur les conflits de lois, nous voyons, au contraire, la juridiction anglaise s'efforcer de tenir compte des dispositions du droit international privé édictées par un autre législateur et de les combiner, au moyen d'une solution transactionnelle, avec les indications de sa propre loi ». Eh bien, cette appréciation de l'arrêt Johnson, à mon avis, n'est pas plus exacte que celle de M. Westlake. Si le juge anglais prend en considération le droit international badois, c'est de façon bien singulière : il s'en prévaut, il est vrai, pour écarter la loi badoise de droit interne, la loi régissant la succession mobilière ; mais il l'écarte ensuite, à son tour, en tant qu'il désigne la loi nationale de la défunte, parce que, n'attribuant pas compétence à la loi du domicile, comme l'aurait désiré la règle de droit international anglaise, il est, à ce titre, frappé d'une sorte de caducité. Ce n'est pas là une solution transactionnelle, c'est une solution contradictoire. Et ce caractère, la solution l'a au point de réagir sur la règle de droit international anglaise elle-même et d'effacer cette règle, qui, d'après M. Westlake, s'en remettait au droit badois du soin de résoudre le conflit.

Dès lors, la situation se ramène à celle d'une succession qu'aurait laissée une Anglaise domiciliée, à sa mort, à Malte, possession britannique. Il ne s'agit plus d'une véritable question de droit international privé ; le conflit s'élève entre les lois d'un même Empire, la loi d'Angleterre et la loi de Malte, comme il se présentait autrefois, dans la théorie des statuts, entre deux coutumes de France.

En somme, l'arrêt rendu dans l'affaire *Johnson* par M. le juge Farwell n'est, comme le remarque très justement M. Dicey, ni contraire ni favorable à la « théorie du renvoi ». D'autre part, il n'est d'accord ni avec les arrêts *de Bonneval* et *Trufort*, ni avec les théories de MM. Westlake et Colin. Moins encore se conforme-t-il au droit international anglais tel que le conçoit M. Frédéric Harrison. Qu'est-il donc ? Il est l'œuvre propre de M. le juge Farwell et le caractère m'en paraît être celui d'un expédient, grâce auquel, sans adopter la « théorie du renvoi », le magistrat s'est proposé d'atteindre autrement le but auquel cette doctrine l'eût également conduit, savoir l'application de la loi de Malte (1).

C'est précisément ce que M. Farwell s'attache à démontrer dans la seconde partie de son discours. Là, subsidiairement, afin de corroborer sa conclusion, le juge va s'efforcer d'établir que l'on y parviendrait aussi par la « théorie du renvoi », si, dans l'espèce, on pouvait supposer que les tribunaux badois se fussent reconnu compétence. Mais, dans la longue dissertation qu'il consacre à l'examen de cette hypothèse, M. Farwell se laisse aller au cours de sa pensée, sans y mettre assez d'ordre et de clarté pour qu'on puisse aisément le suivre. Ce qui s'en dégage surtout, c'est que, si les juges de Bade, résolvant le conflit conformément à la règle de leur propre droit, observaient pour la succession d'un sujet britannique sa loi nationale, ils auraient vraisemblablement égard au fait que les sujets britanniques sont soumis, à raison de leur domicile, à des lois diverses et par conséquent, dans l'espèce, appliqueraient précisément la loi

(1) Comp. Bate, p. 19.

de Malto, comme il le fait lui-même en vertu de considérations différentes.

C'est dans cette partie de son discours que le magistrat déclare qu'aucun argument n'a pu le déterminer à prendre parti sur la « théorie du renvoi » en un sens plutôt qu'en l'autre. Il énonce, toutefois, çà et là, des idées qui témoignent d'une forte tendance à ne pas accepter le « renvoi ». Quelque part, notamment, supposant le cas où les tribunaux de Bade feraient de la question du domicile non pas une question de fait, mais une question de droit, et, s'estimant compétents pour statuer, suivraient une règle autre que la règle anglaise, il affirme que les tribunaux anglais ne seraient nullement obligés d'y subordonner leur propre décision. « Je ne vois pas, dit-il, pourquoi dans le règlement de la partie de la succession mobilière qui ressortit à notre juridiction, en présence d'un conflit entre la doctrine étrangère et la nôtre, nous devrions sacrifier la nôtre, afin d'assurer l'uniformité. Comme on l'a dit dans l'affaire *Hilton* contre *Guyot*, la courtoisie n'est matière ni d'obligation absolue ni de simple politesse. Elle est, de la part d'une nation, à l'intérieur de son territoire, le fait de reconnaître les actes législatifs, exécutifs et judiciaires d'une autre nation, en tenant un juste compte à la fois des obligations et des convenances internationales, d'une part, et, de l'autre, des droits de ses propres sujets ou de toutes personnes placées sous la protection de ses lois. Et je ne puis admettre que j'attribuerais à ces droits la considération qui leur est due, si je renonçais à l'application de nos règles ordinaires uniquement afin de les mettre d'accord avec l'opinion que l'on a dans l'autre pays. Si la succession mobilière d'une même personne se trouve être dévolue à des héritiers différents selon que le règlement en est fait par une cour anglaise ou par une cour badoise, la raison en est que les deux systèmes législatifs sont essentiellement différents; seul, un traité international pourrait les concilier ». Que l'on se reporte à l'arrêt de la Cour de Paris qui fait l'objet de la présente étude et l'on constatera dans le langage des juges, sinon dans leurs sentences, une analogie saisissante. On se retranche, de part et d'autre, derrière le droit qu'a chaque souverain, sur son territoire, de résoudre comme il l'entend le conflit de ses lois avec les lois étrangères. Il est même étonnant que M. le juge Farwell, discernant si bien la raison capitale de repousser « la théorie du renvoi », savoir la souveraineté territoriale respective des États, déclare ne pouvoir se prononcer ni pour ses partisans ni pour ses adversaires.

L'arrêt Johnson, sans appliquer ni repousser la « théorie du renvoi », rompt avec la jurisprudence antérieure des Cours anglaises. Est-ce à dire qu'il inaugure une jurisprudence nouvelle ? Ce n'est pas probable; étant donné qu'il a le caractère d'un expédient plutôt que celui d'une décision doctrinale. M. Sewell nous fait connaître un jugement postérieur (affaire *John Bowes* contre *Wenzell*), extrait du *Times* du 16 juill. 1906, et voici ce qu'il nous en dit : « Le testateur et la testatrice étaient morts domiciliés en France, aux termes de la loi anglaise, bien qu'ils ne fussent pas admis à domicile suivant le droit français. Les testaments étaient en langue anglaise. On produisait l'opinion de Mᵉ Ployer et de Mᵉ Aubépin, deux avocats éminents, dans laquelle ils déclaraient que les tribunaux français reconnaîtraient et adopteraient la loi anglaise pour l'interprétation de testaments faits comme ceux-ci par des personnes anglaises. M. le juge Swindfen Eady considéra que cette affaire rentrait dans les principes de l'affaire Johnson et décida que, tant pour l'interprétation que pour l'administration, ces testaments étaient régis par la loi anglaise, acceptant ainsi le renvoi sans discussion et appliquant la loi municipale anglaise ». Que penser de cette décision ? Il faudrait en avoir sous les yeux le texte pour en apprécier sûrement le caractère. Ce fut à tort, il me semble, que le juge Swindfen Eady crut se guider d'après l'arrêt Johnson, puisqu'il prit en considération le droit international français pour appliquer la loi successorale anglaise, bien que le droit français ne tînt aucun compte du domicile, tandis que le juge Farwell avait argué de cette particularité pour considérer et le domicile de choix et le droit international badois comme non avenus. L'arrêt rapporté par M. Sewell me paraît rentrer plutôt dans la conception « du renvoi » personnelle à M. Westlake.

En résumé, l'impression que me laisse l'examen des décisions rendues en Angleterre est que la « théorie du renvoi », telle que sur le continent européen nous l'entendons généralement et surtout telle que l'ont appliquée nos tribunaux français, la « théorie du renvoi « contre laquelle doivent protester tous ceux qui veulent fonder sur des bases scientifiques le droit international privé de la France, est étrangère à la jurisprudence anglaise.

Et cette impression se rapproche beaucoup de l'opinion de l'auteur anglais qui s'est le plus attentivement occupé de ce sujet, M. Pawley Bate. Après avoir exposé les questions qui, suivant lui, sont comprises dans la *Renvoi theory*, il se demande : « qu'a dit le droit anglais en réponse à ces questions »? Et sa propre réponse est celle-ci : « Fort peu de chose. On ne peut pas dire qu'en général il ait soit accepté soit repoussé cette théorie. Dans un petit nombre de cas, à la vérité, les décisions rendues lui ont été favorables, mais elles ont eu le caractère de cas particuliers, ne pouvant constituer les éléments d'une théorie générale ».

Ces décisions, dans l'étude approfondie et spéciale de M. Bate, sont en plus grand nombre que dans le livre de M. Westlake. L'auteur donne aussi, sur la plupart, des indications plus complètes. Mais il est inutile, ici, d'y insister davantage, l'examen de la jurisprudence anglaise occupe déjà peut-être, dans le présent travail, une trop grande place.

IX

On a prétendu fonder a « théorie du renvoi » sur l'intérêt général. Qu'on l'accepte, a-t-on dit, et l'on fera cesser les graves inconvénients auxquels donne lieu le désaccord des systèmes de droit international privé.

Je me demande et je ne vois pas à quelle « théorie du renvoi », parmi celles que j'ai montrées si nombreuses, on devrait ce grand bienfait.

Serait-ce au « renvoi proprement dit », c'est-à-dire à la contre-désignation, susceptible de quatre modalités distinctes, adressée par un législateur à un autre, de la compétence que lui-même en aurait reçue le premier? Je remarque, tout d'abord, que d'un tel « renvoi » pareil résultat serait bien inattendu. Je rappelle, en effet, qu'une analyse attentive m'a conduit, en ce qui le concerne, à la conclusion suivante : « à quelque point de vue qu'on l'envisage, ce « renvoi » n'a rien de réel ; ce que l'imagination des parties intéressées, des juges et des jurisconsultes a créé sous ce nom, soit simplement en s'égarant, soit même en tâchant de faire œuvre scientifique, ce n'est pas autre chose qu'une série d'apparences de « renvoi », diverses, mais pareillement décevantes, que l'examen fait évanouir » (1). S'il en est ainsi, l'utilité que l'on prête à cette sorte de « renvoi », sous quelque forme qu'on se le figure, ne saurait être également qu'imaginaire.

Mais laissons le mot, pour nous placer en face de la réalité, c'est-à-dire en face de la situation que l'on a décorée de la vaine qualification de « renvoi ». Cette situation, c'est le conflit de deux règles de droit international contraires. On a prétendu résoudre la difficulté qu'elle suscite, en donnant la prééminence à l'une des deux règles, en recommandant l'application de celle qui, pensait-on, « renvoyait » à l'autre. Etant donné, par exem-

(1) Cette *Revue*, 1907, p. 60.

ple, que la règle de droit international privé française, en matière d'état et de capacité des personnes ou de succession mobilière, attribue compétence à la loi de droit interne anglaise, louisianaise ou danoise, en tant que loi nationale, et que, de son côté, la règle de droit international privé louisianaise, anglaise ou danoise, attribue compétence à la loi de droit interne française, en tant que loi du domicile, on a dit, en France : il y a renvoi de compétence à la loi française, et ce renvoi doit être admis, parce qu'ainsi la difficulté serait résolue. Eh bien, c'est une double erreur.

Il y a renvoi de compétence ? Nullement. Il y a dans l'un des deux pays une règle et, dans l'autre, une règle contraire ; mais l'existence de cette règle contraire n'implique pas du tout l'opération qui serait un renvoi. Je l'ai démontré.

Importe-t-il pratiquement qu'en vertu de ce prétendu renvoi l'on renonce en France à la règle de droit international française pour y substituer la règle étrangère ? C'est ce qu'il s'agit maintenant d'examiner.

L'intérêt qu'offrirait le sacrifice qui nous est demandé se présenterait à deux points de vue, très voisins, d'ailleurs, l'un de l'autre. Voyons s'il est réel ou s'il peut être équitablement satisfait.

Premièrement, voici que, dans l'affaire même sur laquelle a statué la Cour de Paris, le droit international propre à la France désigne comme applicable, à titre de loi nationale du défunt, — c'est du moins ce que l'on a dit et que je ne veux pas ici contester — la loi successorale de la Louisiane, tandis que, de son côté, le droit international de ce pays assigne compétence à la loi du domicile du défunt, partant à la loi française. Or, il peut arriver que le conflit soit soumis successivement aux juridictions des deux pays. Et c'est en vue de cette éventualité que l'on raisonne. Si, dit-on, l'on repousse en France le « renvoi », c'est-à-dire l'attribution de compétence faite à la loi française — en tant que loi du domicile du défunt — par le droit international privé de la Louisiane, la conséquence en sera l'application de la loi de ce pays — à titre de loi nationale — et comme, d'autre part, les tribunaux louisianais appliqueront la loi française — à titre de loi du domicile — on aboutira malheureusement à la contrariété des décisions judiciaires. Que l'on accepte au contraire, en France, le « renvoi », les tribunaux français, se conformant à l'indication que leur donne le droit international de la Louisiane, appliqueront la loi française, et, comme les tribunaux louisianais feront de même en vertu de leur propre droit international, le résultat définitif sera, fort heureusement, la parité des décisions judiciaires. Voilà comment on croit remédier au désaccord des deux règles de droit international en présence. Voilà l'une des prétendues utilités de l'acceptation du « renvoi ». Par malheur, il y a dans la seconde partie du raisonnement un vice radical, qui l'annule. On commet une erreur en disant que la loi française, appliquée en France, grâce à l'acceptation du « renvoi », le sera également, par suite, en Louisiane. Il faudrait, pour qu'il en fût ainsi, que dans ce pays le « renvoi » fût écarté, tandis que les tribunaux français l'auraient admis. Et pourquoi, là, serait-il écarté? Pourquoi les juges louisianais seraient-ils dispensés de faire ce qui aurait été requis des juges français, c'est-à-dire de prendre en considération la règle de droit international étrangère plutôt que la leur? Il n'y en a aucune raison. C'est la loi louisianaise, c'est la loi française que, de leur côté, ils appliqueront, en vertu du renvoi. Le résultat définitif sera donc, au cas d'acceptation comme au cas de rejet du « renvoi », la contrariété des décisions judiciaires (1). On voit, par cet exemple, comment l'illusion que l'on se fait sur les avantages du « renvoi » provient de l'illusion que l'on s'est faite en concevant le « renvoi » lui-même. On a cru qu'il pouvait être omis en Louisiane, tandis que l'on y aurait déféré en France. Et c'est chose impossible, ou bien la « théorie du renvoi » n'est qu'arbitraire et fantaisie.

Il y a plus. Le raisonnement, dont la fausseté au fond vient d'être démontrée, n'était spécieux au premier abord que parce que l'on considérait le cas où le premier jugement émanerait de la juridiction française relativement à la succession d'un sujet de la Louisiane domicilié en France. Que l'on envisage, maintenant, l'hypothèse inverse, où la juridiction louisianaise aurait

(1) Je transporte ici un passage du rapport Buzzati (*Annuaire de l'Institut*, XVII, p. 17). Comp. aussi le discours de Buzzati à Neuchâtel (*ibid.*, XVIII, p. 146); Audinet, note (II) sous Paris, 1er août 1905, Pau, 11 juin 1906 et Grenoble, 31 mars 1908 (S. et P. 1908. 2. 257).

Le même raisonnement est aussi fait incidemment par Ligeoix à propos de l'art. 1er de la convention de La Haye sur le mariage (*J. dr. int. pr.*, 1904, p. 564, n° 50).

commencé par statuer sur la succession d'un Français domicilié en Louisiane. L'idée du « renvoi » ne pourrait même pas alors se présenter à l'esprit; car la loi du domicile serait non plus une loi étrangère, mais la loi même des juges saisis du litige, appliquée par eux sans que personne y contredise. L'arrêt de la Cour de Paris ne manque pas d'en faire la remarque, à l'appui du principe de la territorialité des règles de droit international privé sur lequel il se fonde. Mais, la justice étrangère ayant observé son propre droit international, pourquoi serait-il interdit à la justice française d'observer aussi le sien? De là, comme résultat, une nouvelle et fatale contrariété de décisions judiciaires.

Le second point de vue, très voisin du précédent, auquel on s'est placé pour alléguer que l'acceptation du « renvoi » serait un remède au désaccord des systèmes de droit international privé, n'est pas moins faux : l'affaire sur laquelle s'est prononcé, tout d'abord, un tribunal français, n'est pas à l'étranger l'objet d'une seconde instance judiciaire, mais on y demande pour le jugement l'*exequatur* ou tout au moins la reconnaissance de l'autorité de chose jugée. Supposons, a-t-on dit, que le juge français ait appliqué soit à un Anglais, soit à un Danois, domiciliés en France, leur loi nationale, au lieu de la loi de leur domicile, que le droit international de leur pays déclarait compétente, et qu'ensuite il s'agisse en Angleterre ou en Danemark, de donner effet à ce jugement, l'autorité locale s'y refusera, parce que la loi appliquée n'aura pas été celle qui, d'après le droit international privé local, aurait dû l'être. Au contraire, si l'on avait en France déféré au « renvoi », le jugement français serait sans aucun doute accepté.

Mon collègue M. Bartin, l'un des adversaires les plus résolus de la « théorie du renvoi », s'est particulièrement attaché à réfuter cet argument (1). A ses yeux, l'éventualité de l'exécution extraterritoriale du jugement à intervenir ne doit pas influer sur la détermination de la loi applicable au litige; car le jugement est de nature à être invoqué au dehors non seulement dans l'État dont

(1) *Les conflits entre dispositions législatives de droit international privé*, dans la *Revue de droit intern. et de législ. comp.*, année 1898, p. 129 et s., 272 et s. — Ces articles ont été réédités dans une brochure intitulée *Études de droit international privé*, 1899. — Les citations que je ferai seront empruntées à cette brochure.

le droit international aurait dû, selon la « théorie du renvoi », être pris en considération, mais dans plusieurs autres encore, dont les règles de droit international sont peut-être différentes, et pour le juge observer toutes ces règles est impossible. Quand même, donc, le juge accepterait le « renvoi », l'exécution du jugement ne serait pas entièrement assurée.

Cette observation, certes, est parfaitement juste. Mais je crois pouvoir écarter l'argument de façon plus radicale en montrant qu'il est, lui aussi, fondé sur une erreur. A cet égard, je distingue selon que le jugement français concerne un Anglais ou un Danois.

En vue du premier cas, mon collègue M. Weiss, devant l'Institut de droit international, à Neuchâtel (1), a présenté l'argument dans cette forme : « L'opinion contraire est condamnée par ses conséquences pratiques. Exemple : un Anglais est jugé en France contrairement à la théorie du renvoi, c'est-à-dire que le tribunal français lui applique la loi anglaise. Cet Anglais pourra-t-il se prévaloir de ce jugement en Angleterre? Qu'il s'agisse de questions où l'*exequatur* est inutile ou de questions où l'*exequatur* est nécessaire, il lui est impossible de se prévaloir du jugement rendu contrairement au vœu de la loi anglaise. Pour avoir été plus Anglais que l'Angleterre, les adversaires du renvoi, au lieu d'être utiles à cet Anglais, lui nuisent, ce qui est un singulier résultat ».

Il eût été désirable que M. Westlake, présent à la session de l'Institut de droit international à Neuchâtel, s'expliquât sur ce point et fît savoir si la conclusion de M. Weiss, formulée à l'appui du « renvoi proprement dit », s'adaptait à sa théorie personnelle. Il ne le fit pas; rien n'y a trait dans son discours (2). Or, ou bien la théorie personnelle de M. Westlake n'est pas conforme à la doctrine anglaise, que M. Weiss comprendrait mieux que lui, ce qui serait bien étonnant, ou bien elle en est l'expression fidèle et, dans ce cas, la conclusion de M. Weiss est inadmissible. En effet, le fond du système de droit international anglais, d'après M. Westlake, en matière d'état et de capacité des personnes ou de succession mobilière, est que la compétence législative appartient toutentière au droit du pays où la

(1) *Annuaire de l'Institut de droit international*, XVIII, p. 151.

(2) *Annuaire de l'Institut de droit international*, XVIII, p. 164-168.

personne est domiciliée, au droit international comme au droit interne de ce pays. A ce double point de vue, de même que les étrangers domiciliés en Angleterre sont assujettis au droit anglais, de même les Anglais domiciliés en tel ou tel pays étranger, leur loi nationale se désintéressant d'eux, demeurent entièrement soumis au droit de ce pays. Dès lors et logiquement, on acceptera en Angleterre la décision rendue suivant le droit international propre au pays du domicile, quelle qu'elle soit, même si elle consiste en l'application de la loi nationale anglaise. Je rappelle d'ailleurs que M. Westlake, à l'égard de la succession mobilière d'un Anglais domicilié en France, a dit que rien ne s'opposerait à l'application en Angleterre de la loi anglaise, comme loi désignée par le droit international français. Par conséquent, rien non plus ne s'y opposerait à l'acceptation de l'effet d'un jugement rendu en France conformément à ce même droit.

On s'est trompé plus gravement encore en ce qui concerne le droit international privé propre au Danemark. On a cru, de part et d'autre, en général, qu'il exigeait, pour les Danois domiciliés en pays étranger, l'observation de la loi de leur domicile, au point de frapper de nullité les actes contraires à cette loi, quand même ils seraient conformes à la loi nationale. Si cela était vrai, le raisonnement de M. Weiss, ci-dessus rapporté, inexact à l'égard d'un Anglais, serait juste pour un Danois domicilié en France. Mais est-ce bien la vérité?

Mon collègue M. Renault, dans l'assemblée de l'Institut de droit international à Neuchâtel, a déclaré qu'il ne pouvait le croire. Après avoir fait remarquer — c'est un point sur lequel j'aurai à revenir — qu'en Suisse « il n'y a pas de renvoi, mais un minimum d'exigence », en ce sens que, s'il arrive à des Suisses de se marier en pays étranger conformément à la loi de ce pays, leur mariage n'en sera pas moins tenu pour valable, M. Renault s'est demandé s'il en serait différemment en Danemark et s'est exprimé, sur ce point, en ces termes : « On dit qu'il y a renvoi à la loi du domicile. Que veut-on dire? Suffit-il qu'un acte soit fait suivant la loi du domicile pour qu'il soit valable en Danemark, ou faut-il qu'il soit conforme à cette loi, sous peine d'être nul en Danemark? Mais alors on arrive à une absurdité, parce que le Danemark ne peut reprocher aux Danois établis à l'étranger de rester fidèles à la loi de leur pays ».

C'est aussi de cette manière que, pour ma part, j'ai toujours interprété la règle de droit international qui, non seulement en Danemark, mais dans d'autres pays encore, applique aux nationaux domiciliés à l'étranger la loi de leur domicile. Il en était ainsi, naguère, avant la mise en vigueur du Code civil, en Allemagne. Et M. de Vareilles-Sommières (1) en avait argué pour adresser aux adversaires du « *renvoi* » *cette objection spécieuse* : « L'opinion que nous repoussons scinde la personnalité juridique en deux, et de la manière la plus bizarre : le sujet allemand domicilié en France verra son état et sa capacité appréciés en France d'après la loi allemande et en Allemagne d'après la loi française ». A cela je réponds (2) : « Peut-être. Ce n'est pas certain. Mais, si cela arrive, à qui la faute? La situation est celle-ci : à un Allemand domicilié en France, un tribunal français a appliqué, en matière d'état et de capacité, la loi interne allemande; cet Allemand a été traité en France comme il eût été traité dans son pays, s'il y fût resté. De quoi, je le demande, le souverain allemand peut-il se plaindre? Va-t-il refuser son adhésion à un jugement semblable à celui que, si l'intéressé était demeuré en Allemagne, des juges allemands auraient rendu? Je ne saurais le croire. Que le législateur allemand tolère ou admette volontiers l'observation d'une loi étrangère, en tant que loi du domicile, afin d'éviter des annulations d'actes fâcheuses, je le conçois. Qu'il désire l'observation de la loi française et la préfère à celle de la loi allemande, je le comprends moins, car je n'en vois pas la raison. Mais qu'il l'exige, qu'il trouve mauvaise l'observation de sa propre loi et refuse d'en reconnaître l'effet, c'est, je le répète, absolument invraisemblable » (3).

Or, nous avions raison, M. Renault et moi, de ne pas accepter sans défiance une opinion qui nous semblait irréfléchie, de ne pas imputer légèrement à certains législateurs une attitude à nos yeux si peu raisonnable. Lors de l'une des Conférences relatives au droit international privé qui se sont tenues à La Haye et desquelles sont résultées plusieurs conventions diplomatiques, nous avions soumis nos doutes à M. Matzen; notre éminent collègue nous avait répondu de manière à les confirmer, sans nous donner, toutefois, sur le droit international de son pays, des

(1) *La synthèse du droit international privé*, t. 2, p. 98.
(2) *Considérations sur le droit international privé*, brochure, p. 52.
(3) Comp. Audinet, note précitée.

assurances tout à fait positives et explicites. Interrogé avec plus d'insistance et de précision dans une lettre que je lui adressai, il y a quelque temps, au cours du présent travail, il me fit savoir que, maintenant, un de ses collègues à l'Université, M. le docteur Holger Federspiel, y professait le droit international privé et qu'il lui transmettrait ma requête. Quelques jours après, M. Holger Federspiel avait l'obligeance de faire à mes questions une très explicite réponse, que je résume de la façon suivante.

Il est vrai qu'en Danemark la jurisprudence a adopté la règle qu'en matière d'état et de capacité des personnes et pour la succession mobilière la loi applicable est la loi du domicile. Mais cette règle ne signifie que deux choses : 1° que toutes personnes — étrangers comme Danois — domiciliées en Danemark sont régies par la loi danoise, en tant que loi de leur domicile; 2° qu'aux personnes non domiciliées en Danemark, la justice danoise applique la loi de leur domicile, sans distinguer selon qu'elles sont d'origine danoise ou étrangère; d'où il suit que l'on soumettrait aux lois françaises un Danois domicilié en France. Quant à la question de savoir si les tribunaux danois respecteraient ou tiendraient pour non avenu le jugement qui aurait été rendu en France, à l'égard d'un Danois y domicilié, conformément à la loi danoise, en vertu des règles françaises concernant les conflits de lois, elle n'est résolue ni par la loi ni par la jurisprudence. Mais, selon M. Holger Federspiel, il ne saurait s'élever à cet égard un doute sérieux. Le jugement dont il s'agit, rendu par un tribunal compétent, puisqu'il concernerait un Danois domicilié en France, produirait certainement des effets en Danemark : l'autorité judiciaire le rendrait exécutoire; il servirait de base à l'exception de chose jugée. Le fait qu'il aurait été rendu conformément aux règles de droit international privé observées en France n'y ferait nullement obstacle.

Telle est, en substance, la consultation que le professeur de droit international privé à l'Université de Copenhague a bien voulu donner, non pas seulement à celui qui l'interrogeait, mais à tous les jurisconsultes qui s'occupent de la « théorie du renvoi » sans autre but que la recherche de la vérité. Tous lui en seront reconnaissants; car elle dissipe un malentendu qui pesait sur le débat. Dans les deux camps, la plupart pensaient que l'application de la loi du domicile était exigée par le droit danois pour les Danois domiciliés à l'étranger, sous peine de nullité des actes qui y seraient contraires; ce qui aggravait le conflit du droit danois et du droit français, plus généralement même le conflit, en matière de statut personnel, de tout droit prenant pour base la loi du domicile et de tout droit s'attachant à la loi nationale. Quant à ceux qui ne croyaient pas à cette exigence, ils devaient cependant en tenir éventuellement compte, ne fût-ce que pour se demander quel cas ils en feraient si elle était réelle, et personnellement j'étais d'avis que nous devions passer outre. Je terminais ma réponse à M. de Vareilles-Sommières, que j'ai rappelée tout à l'heure, en disant : «que si, néanmoins, le législateur allemand prenait ce parti (de trouver mauvaise l'observation de sa propre loi en France et de lui dénier tout effet chez lui), estimant, chose étrange, que ses sujets à l'étranger, non seulement peuvent, mais doivent avoir un état et une capacité autres que dans leur pays, un état et une capacité différents de ceux qu'il leur a assignés lui-même, un état et une capacité variables suivant les lieux et qu'il n'a même pas pu prévoir, eh bien qu'y faire? Lorsque le souverain français, dans l'exercice légitime de sa souveraineté et sous l'empire d'un haut sentiment de la justice, ordonne, à l'égard d'un pays étranger, l'observation de sa loi nationale de préférence à la loi française, il n'y a pas à s'inquiéter du mauvais accueil qui peut-être sera fait par le souverain étranger à la sentence ainsi rendue. C'est le cas de dire : « Fais ce que dois, advienne que pourra ».

Mais ces appréhensions n'ont plus de raison d'être. La consultation de M. Holger Federspiel, en ce qui concerne le droit danois, les dissipe. Elle les fait d'autant mieux cesser que son auteur, dans une seconde lettre, a déclaré que M. Matzen était « de son opinion sur tous les points ». Mes deux savants collègues ont par là, en une matière importante, rendu service à la science; car il ne me paraît pas douteux que leur doctrine, si sage, ne soit adoptée dans tous les pays où le domicile est la base du statut personnel.

On a vu qu'il existe, en outre du « renvoi proprement dit », plusieurs systèmes de droit international privé, dont les partisans disent que, sans admettre le « renvoi », ils aboutissent par ces systèmes au même résultat, savoir que dans un pays la règle de droit international privé locale doit s'incliner devant une règle étrangère ou du moins en tenir compte, se modifier d'après elle. C'est un « renvoi », si l'on veut, au sens le plus large, le plus vague du mot. Examiner si cette sorte de « renvoi », peut avoir quelque avantage sur la doctrine qui n'accepte aucun « renvoi » et qui doit être, en France, la nôtre, ce serait comparer, au point de vue de leur utilité, les systèmes qui l'expliquent avec notre système français, très différent d'eux comme je l'ai montré. Mais une telle entreprise excéderait les bornes du présent travail. Tout au plus puis-je adresser de brèves réponses à des assertions qui, sans développements, purement et simplement, se sont produites au cours de la controverse.

En faveur de la théorie qui, voyant dans l'application des lois étrangères une concession faite par courtoisie, trouve légitime, après le refus des intéressés, le retour à l'absolue territorialité des lois et qualifie cela d'acceptation du « renvoi », M. Weiss a fait observer que, dès lors, tout est pour le mieux, le conflit lui-même étant radicalement supprimé par le désistement de l'un des adversaires. Mais reste à savoir si, en même temps que la courtoisie, la justice est ainsi satisfaite. Or, notre législateur héritier de nos anciens juristes, ne l'a point pensé, et c'est pourquoi tel n'est point son système[1].

La théorie de M. Westlake, d'après laquelle, hors d'Angleterre, les personnes, même anglaises, perdent l'appui de leurs lois nationales et sont livrées aux lois de leur domicile, résout aussi la difficulté de façon radicale en la supprimant. Mais reste à savoir — et c'est la question qu'avec notre maître, M. Labbé, nous nous sommes posée — si ce parti est le plus digne d'un législateur. En tout cas, ce n'est pas celui auquel se sont arrêtés les auteurs de notre Code civil.

La théorie de M. Fiore, consistant à reconnaître, soit en matière d'état et de capacité, soit à l'égard de la succession mobilière, la compétence législative d'un unique souverain, celui duquel relèvent comme sujets les personnes, à lui reconnaître cette compétence non seulement chez lui, mais même au dehors, aurait le même effet que les deux précédentes, à la condition que tous les souverains l'adoptent, que tous abdiquent leur pouvoir territorial pour acquérir un pouvoir personnel absolu ; les conflits, alors, prendraient fin. Mais une telle supposition

(1) Comp. Audinet, note précitée (V).

n'est-elle pas purement gratuite? A moins de conventions, les souverains ne tiendront-ils pas avant tout à conserver leur pouvoir territorial? Cela n'est pas douteux, et dès lors, la doctrine italienne moderne que M. Fiore préconise, n'aurait pas, quant au « renvoi », la conséquence qu'il en « déduit »; bien plus, au lieu de favoriser le progrès du droit international privé, elle lui serait funeste. L'histoire, autant que la raison, le démontre. Dans les théories française et hollandaise des statuts, on eut, comme aujourd'hui M. Fiore, la pensée que l'observation des lois étrangères dans un pays ne peut s'expliquer que par l'ingérence des souverains étrangers dans l'administration de la justice locale. Mais, loin d'admettre, comme le fait M. Fiore, cette ingérence, on la repoussa. En France d'Argentré, dans les Pays-Bas Jean Voet, surtout, s'élevèrent avec énergie contre l'empiètement d'une souveraineté sur l'autre qu'impliquait, à leurs yeux, l'observation des lois étrangères. Ils avaient tort de croire qu'observer les lois étrangères, c'est nécessairement de la part d'un État souffrir une atteinte à sa souveraineté; mais, puisqu'ils le croyaient, ils avaient raison de ne pas y consentir. Or, le résultat de cette juste résistance à une idée fausse fut le ralentissement de la marche du droit international privé, sorti de la voie où l'avait judicieusement fait entrer la doctrine italienne primitive. Les jurisconsultes les mieux disposés pour l'observation des lois étrangères, comme Boullenois, se sentaient entravés, presque paralysés, par l'idée que c'était chose contraire à la souveraineté territoriale de leurs lois. De là cet enseignement : la théorie de M. Fiore, préconisant aussi le droit pour la souveraineté personnelle de faire la loi dans le domaine de la souveraineté territoriale, soulèverait les mêmes révoltes. En se proposant d'accroître par là dans chaque pays l'extension des lois étrangères, on y mettrait réellement obstacle et l'on aboutirait à la restreindre.

Ainsi, parmi les inconvénients qui tiennent au désaccord des systèmes de droit international privé, il en est de réels, mais auxquels ne remédie de façon satisfaisante aucune « théorie du renvoi », et d'autres qui sont chimériques.

On peut, à mon avis, ranger dans cette dernière catégorie celui que M. Fiore, au cours de l'étude à laquelle je me suis plusieurs fois déjà référé, signale en ces termes (1) : « Pour

(1) *Journal de droit international privé*, 1901, p. 690, n° 23.

mettre en évidence les inconvénients qui peuvent résulter de ce système (le rejet de la « théorie du renvoi »), supposons qu'un citoyen d'un pays où est admise la règle que la succession légitime doit être régie par la loi du domicile ait établi son domicile en Italie et y meure intestat, et qu'aux termes de la loi de son pays on admette la prépondérance des lignes ou la répartition par têtes entre les ascendants, ou bien le privilège de masculinité, ou d'autres règles distinctes de celles consacrées par le législateur italien. N'ayant pas fait de testament, la présomption légale est qu'il a voulu que sa succession soit dévolue d'après la loi. Comme, d'autre part, on ne peut pas supposer qu'il ignorait la loi de son pays, on doit admettre qu'ayant établi son domicile en Italie, il a voulu se soumettre à la loi italienne, conformément aux dispositions de la loi nationale. En admettant la théorie contraire à la nôtre, et en partant du principe, édicté par le législateur italien dans l'art. 8 des dispositions préliminaires du Code civil, que la succession doit être régie par la loi nationale, et, de plus, en considérant ce principe comme obligatoire pour les magistrats italiens, on devrait décider que la succession de cet étranger devrait être réglée par la loi de sa patrie... On devrait donc admettre l'ordre de la succession d'après la loi nationale de l'étranger et, par conséquent, la prépondérance des lignes ou la répartition par têtes entre les ascendants, contrairement à la volonté présumée du *de cujus* et une disposition édictée par le législateur de son pays, à qui, d'après les principes du droit international, il appartient de déterminer la loi qui doit régir la succession de ses citoyens ».

Retranchons le dernier membre de phrase, où s'affirme de nouveau la théorie personnelle de l'auteur, mais qui n'est pas à sa place, puisqu'il s'agit ici non plus de poser les principes, de discuter la valeur juridique des systèmes en présence, mais d'en comparer les avantages ou les inconvénients respectifs. Les inconvénients du système adverse, pour M. Fiore, se résument en ceci : l'application de la loi nationale d'un étranger à sa succession mobilière, en Italie, où cet étranger était domicilié, alors que le droit international de son pays déclarait applicable la loi de son domicile, tromperait une légitime attente. Pour le démontrer, M. Fiore suppose d'abord que l'étranger appartenait à un pays où certainement la règle de droit international exige ou du moins permet que la succession mobilière soit régie par la loi du domicile. Il suppose ensuite que l'étranger connaissait la loi successorale de son pays, la règle de droit international qui dans son pays, substituait à cette loi celle du domicile, enfin la loi successorale italienne. Il suppose enfin que c'est pour se placer sous l'empire de cette dernière loi que l'étranger est venu fixer son domicile en Italie. Ce sont bien des suppositions, peut-être en partie gratuites. Je les accepte. Mais pourquoi cet étranger si versé dans la connaissance du droit — c'était son devoir, dira M. Fiore —, n'en avait-il cependant qu'une possession imparfaite? Pourquoi, connaissant trois règles, ne s'était-il pas enquis d'une quatrième — n'était-ce pas aussi son devoir? — qui n'était pas moins nécessaire à son calcul, je veux dire la règle de droit international propre à l'Italie? Il aurait alors appris que cette règle, contraire à celle de son pays, ferait appliquer à sa succession sa loi nationale. Et, le sachant, il aurait peut-être, de préférence, réalisé ses intentions par un testament. En tout cas, ne pas donner effet à un calcul qui reposait sur des données juridiques insuffisantes, ce n'est pas tromper une attente légitime.

X

L'une des conventions signées à La Haye, le 12 juin 1902, celle qui a pour objet de « régler les conflits de lois en matière de mariage » (cette *Revue*, 1905, p. 217), dans son article premier, relatif aux conditions de capacité, déclare : « Le droit de contracter mariage est réglé par la loi nationale de chacun des futurs époux, à moins qu'une disposition de cette loi ne se réfère expressément à une autre loi ».

On a vu dans le second membre de cette phrase une application de la « théorie du renvoi ». Les partisans de cette doctrine en ont triomphé. Tels, entre autres, M. Westlake, dans la dernière édition de son *Traité de droit international privé*, et, tout récemment, M. Beirão, conseiller d'État en Portugal, dans une étude sur la « théorie du renvoi » telle que l'appliquent les tribunaux de ce pays.

M. Westlake prétend que l'article premier de la Convention de La Haye sur le mariage est « la plus large application qui ait été faite à la fois des art. 7 et 27 de la loi d'introduction du Code civil allemand et des vues de M. de Bar concernant la « théorie du renvoi ». Voici le commentaire qu'il en donne : « Ainsi, la capacité de chacune des parties à l'effet de contracter un mariage donné est régie par son droit national; mais, si ce droit fait expressément dépendre la même capacité du droit du domicile, montrant par là qu'il se désintéresse de l'affaire, ses dispositions internes ne seront pas appliquées (1) ».

M. Beirão, appréciant la « théorie du renvoi » dans ses rapports avec la législation portugaise, écrit : « Ainsi envisagée, la « théorie du renvoi » non seulement n'est pas repoussée par nos lois, mais... elle vient encore d'être adoptée dans une des Conventions de La Haye, celle relative au mariage, convention approuvée par la loi du 24 décembre 1906... Et si le renvoi est admis dans un certain cas comme règle d'interprétation de droit international privé, on ne voit pas pourquoi on ne devrait pas l'admettre dans tous les cas, comme expressément l'a admis la loi d'introduction du Code civil allemand, art. 27 (2) ».

De leur côté, les adversaires de la « théorie du renvoi », reconnaissant aussi, généralement, ce sens à l'article premier de la Convention de La Haye sur le mariage, ont regretté ou même déploré que cette doctrine se trouve avoir été par là comme consacrée. M. Bartin, entre autres, estime que dans ses deux sessions de 1893 et de 1894 la Conférence de La Haye « s'y est ralliée (3) ». MM. Surville et Arthuys disent également : « Peut-être n'est-il pas sans intérêt de mentionner à côté de ces lois (art. 37 et 56 de la loi fédérale suisse du 24 décembre 1874 sur l'état civil et le mariage, art. 108 de la loi hongroise de 1894 sur le mariage, art. 27 de la loi d'introduction du Code civil allemand de 1900) que la Conférence de La Haye, dans ses sessions de 1893 et de 1894 (V. Lainé, *Journ. de dr. int. pr.*, 1894, p. 20), s'est aussi, à l'occasion du mariage, ralliée à la « théorie du renvoi ».

M. Ligeoix, surtout, auteur d'une des meilleures études concernant la « théorie du renvoi » qui aient été faites et qui, sur l'article dont il s'agit, tout en se trompant partiellement, pré-

(1) Westlake, *A treatise on private international law* (fourth edition, 1905), p. 56.

(2) Da Veiga Beirão, *La théorie du renvoi devant les tribunaux portugais* (*Journ. de dr. int. pr.*, 1908, p. 367).

(3) Note sur le jugement du tribunal civil de Dieppe du 2 avr. 1896, D. 1898. 2. 281.

sente aussi des observations très justes, écrit : « Cet article contient incontestablement une règle de renvoi... Pris en lui-même, il suggère de graves critiques... L'admission du renvoi, pour y être exceptionnelle et limitée de telle façon qu'au fond cette limitation même, réduisant le renvoi au rôle d'expédient, le condamne comme doctrine, n'en est pas moins la consécration apparente de la théorie du renvoi. Il en résulte que la Conférence de La Haye est indiquée partout comme ayant donné son approbation à cette théorie... La conséquence évidente a été, et sera bien plus encore, les conventions étant signées, de donner aux partisans du renvoi un encouragement, aux hésitants une raison de se décider en faveur de cette doctrine, subversive en droit international privé. C'est ainsi que, dans ce journal même (*J. dr. int. pr.*, 1901, p. 905 et suiv.), M. de Dios Trias, professeur à l'Université de Barcelone, s'est prononcé dans une consultation en faveur du renvoi, en se basant notamment sur ce que la Conférence de La Haye a adopté cette théorie dans la session de 1893. Nous ne pouvons que regretter de voir ainsi la Conférence de La Haye et les États signataires de la convention du 12 juin 1902, relative au mariage, donner sans aucune nécessité l'appui de leur haute autorité à un système, que le plus grand nombre des membres de la Conférence elle-même considèrent comme erroné et exclusif de toute base scientifique du droit international privé... » (1).

Il y a, dans ces appréciations et ces critiques, une part de vérité : l'apparence est, en effet, que l'article 1er de la Convention de La Haye sur le mariage consacre en un point la « théorie du renvoi ». Mais il y a aussi, et bien plus encore, dans ces appréciations et critiques, défaut d'attention quant au fond des choses, exagération, méprise. Car, en réalité, ce n'est pas de la « théorie du renvoi », telle que je l'ai décrite, qu'a voulu faire application la Conférence de 1900, à laquelle est dû le texte de l'article. C'est ce qu'il me reste à démontrer (2).

(1) Maurice Ligeoix, *La théorie du renvoi et la nature juridique des règles de droit international privé* (*J. dr. int. pr.*, 1904, p. 562-567).

(2) Qu'il me soit permis, pour éclairer le débat et fixer le sens de l'article incriminé, de m'aider en partie de souvenirs personnels. Que l'on veuille bien, en outre, me pardonner de reproduire, au moyen de longs extraits, les appréciations successives que j'ai données, sur ce point, dans le *Journal de droit international privé*, de l'œuvre des trois Conférences de La Haye tenues en 1893, 1894 et

La première Conférence de La Haye relative au droit international privé, qui se réunit en septembre 1893, avait formulé l'article 1er des « dispositions concernant le mariage » dans les termes suivants : « Le droit de contracter mariage est réglé par la loi nationale de chacun des futurs époux, *à moins que cette loi ne s'en rapporte soit à la loi du domicile, soit à la loi du lieu de la célébration*. En conséquence et sauf cette réserve, pour que le mariage puisse être célébré dans un pays autre que celui des deux époux ou de l'un d'eux, il faut que les futurs époux se trouvent dans les conditions prévues par leur loi nationale respective ».

C'était bien, semble-t-il, une application de la « théorie du renvoi » que l'on venait de faire. Non seulement le texte, mais aussi le rapport dans lequel M. Renault commentait cette « réserve », au nom de la Commission qui l'avait proposée, le donnaient à croire. Mais l'avait-on faite à dessein, délibérément et en pleine connaissance de cause? Je ne le pensais pas. N'avait-on pas inconsciemment déserté les principes généraux dont la Conférence avait entendu s'inspirer quant à l'application des lois étrangères? C'était, à mon avis, probable. Dans un compte rendu des travaux de la Conférence (1), esquissant pour la première fois, à la suite de M. Labbé, mon éminent maître, une protestation contre la « théorie du renvoi », j'appelai sur ce point l'attention de la Conférence qui devait se tenir l'année suivante. Je fis remarquer, en outre, que la législation suisse, que, d'après le rapport de M. Renault, la « réserve » avait en vue, n'avait pas été très exactement interprétée, qu'elle n'exigeait pas, comme on semblait l'avoir cru, pour le mariage des Suisses en pays étranger, l'observation des règles de capacité prescrites par la loi du lieu de leur domicile ou du lieu de la célébration, qu'elle la permettait, mais en admettant aussi l'observation de la loi suisse elle-même, que par conséquent la « réserve » était inutile. Toutefois, je terminais en disant : « Ce serait aller trop loin, cependant, que de déclarer non valable, comme paraît le faire le *Règlement* adopté par l'*Institut de droit international* en

1900. Le lecteur y trouvera l'avantage d'être dispensé de recourir à ce travail et d'avoir directement sous les yeux les dires d'un observateur attentif, presque d'un témoin.

(1) V. *J. dr. int. pr.*, 1894, p. 247 et s.

1887, le mariage conforme à la loi du domicile ou à la loi du lieu de la célébration, lorsque la règle sur le conflit des lois portée par la législation nationale des époux a permis d'observer cette loi. Mais il suffirait, ce me semble, pour tenir compte de ce tempérament, bien moindre que celui que la Conférence a admis, de rédiger l'article 1er du projet concernant le mariage de la façon suivante : « Le droit de contracter mariage est réglé par la loi nationale de chacun des futurs époux. *Toutefois, s'il existe dans la législation nationale de chacun des futurs époux une disposition concernant le conflit des lois, qui permette l'application soit de la loi du domicile, soit de la loi du lieu de la célébration, le mariage conforme à l'une ou à l'autre de ces deux dernières lois ne devra nulle part être considéré comme nul* ».

La Conférence de 1894 voulut bien accueillir les observations que son premier travail avait de divers côtés suscitées, celles, entre autres, que je viens de rappeler. Et voici ce que, dans le compte rendu de la révision qu'elle effectua de l'article en question, je pus écrire sans encourir aucun reproche d'inexactitude (1) : « Elle pensa qu'il y avait lieu de préciser davantage et en termes plus clairs, le sens de l'article 1er concernant la loi qui devait être appliquée, en principe, aux conditions intrinsèques de validité du mariage. Le texte portait : « Le droit de contracter mariage est réglé par la loi nationale de chacun des futurs époux, *à moins que cette loi ne s'en rapporte soit à la loi du domicile, soit à la loi du lieu de la célébration* ». L'idée que la Conférence avait voulu exprimer dans ce dernier membre de phrase était que, dans le cas où les futurs époux appartiennent à un pays dont la législation permet à ses sujets de contracter mariage, à l'étranger, suivant la loi de leur domicile ou même suivant celle du lieu de la célébration, il convient d'en tenir compte sans pour cela écarter tout à fait le principe, et de déclarer valable le mariage conforme à l'une ou à l'autre de ces deux lois, sans pour cela considérer comme nul le mariage conforme à la loi nationale des futurs époux. Mais le texte était rédigé de manière à autoriser une interprétation différente : on aurait pu croire qu'alors le principe s'effaçait entièrement et que seule la loi du domicile ou la loi du lieu de la célébration demeurait applicable. La Commission reconnut qu'en effet la formule adoptée

(1) *Journal de dr. int. pr.*, 1895, p. 470.

par la Conférence présentait une certaine ambiguïté et pour plus de clarté proposa la rédaction suivante que la Conférence a approuvée : « Le droit de contracter mariage est réglé par la loi nationale de chacun des futurs époux, *sauf à tenir compte soit de la loi du domicile, soit de la loi du lieu de la célébration, si la loi nationale le permet* ».

De là il résulte manifestement que la Conférence de 1894, estimant justes les observations qui lui avaient été présentées, voulut effacer l'impression que le texte de 1893 avait faite, celle d'une application de la « théorie du renvoi ». Mais elle ne crut pas devoir adopter la rédaction qui lui avait été suggérée, lui trouvant peut-être un tour plus doctrinal que législatif. Elle pensa qu'une formule plus brève serait équivalente et suffisamment claire. A mon avis, quand on touche à cette situation si complexe et d'aspect si abstrait d'où est née la « théorie du renvoi », on ne saurait être trop explicite. Cependant je crois que, si la troisième Conférence avait conservé le texte de 1894, étant donné en outre les circonstances qui l'avaient fait substituer à celui de 1893, l'erreur où l'on est tombé relativement à ses intentions ne se serait pas produite.

Malheureusement, la Conférence de 1900, tout en demeurant dans les mêmes intentions que la précédente, s'est en définitive prononcée pour une troisième rédaction, meilleure, à la vérité, que la première, mais beaucoup moins bonne que la seconde, celle-ci : « Le droit de contracter mariage est réglé par la loi nationale de chacun des futurs époux, *à moins qu'une disposition de cette loi ne se réfère expressément à une autre loi* ».

Bien que je fusse présent à la Conférence de 1900 et que le défaut du nouveau texte, celui d'être équivoque et vague, ne m'eût pas échappé, je ne crus pas devoir insister sur une question de forme, alors que le fond n'était pas douteux. Que le sentiment de la troisième Conférence fût sur ce point le même que celui de la seconde, quoique l'expression en eût changé, les explications données au nom de la Commission par M. Renault en témoignaient formellement. Aussi ai-je donné du texte incriminé, dans le compte rendu des travaux de la troisième Conférence, le commentaire suivant (1) :

« Quant au tempérament « à moins qu'une disposition de

(1) *Journal de dr. int. pr.*, 1901, p. 14.

cette loi ne se réfère expressément à une autre loi » dont la règle est accompagnée, quels en sont exactement le sens et la portée? Le rapport de M. Renault nous les fait connaître. On suppose que, des étrangers voulant se marier dans un des États contractants, les autorités locales, préoccupées de leur appliquer conformément à la règle leur loi nationale, trouvent, dans la législation de leur patrie, une disposition, non pas une disposition de droit interne sur les conditions du mariage, mais une disposition de droit international, visant le conflit de la loi interne sur les conditions du mariage avec les lois étrangères correspondantes, qui déclare le mariage de ses nationaux à l'étranger valable, s'il est conforme à la loi du lieu de leur domicile ou du lieu de la célébration. La loi fédérale suisse du 24 décembre 1874, relative à l'état civil, en offre un exemple. L'article 25 en est ainsi conçu: « Sera reconnu comme valable, dans toute la Confédération, le mariage conclu dans un canton ou à l'étranger, conformément à la législation qui y est en vigueur ». Eh bien, la restriction mise à la règle signifie que, dans ce cas, le mariage pourra valablement se former d'après la loi locale. Est-ce à dire qu'il y ait là plus qu'une faculté? Est-ce à dire que, pour être valable, ce mariage devrait nécessairement être conforme à la loi locale et que, s'il lui était contraire, il serait nul, quand même la loi nationale des époux aurait été observée? Cette question peut se concevoir en théorie, mais en pratique elle est vraiment négligeable. Il faudrait, en effet, pour qu'elle s'élevât, que la disposition législative dont il vient d'être parlé non seulement permît à ses nationaux de se marier conformément à la loi locale étrangère, loi de leur domicile ou loi du lieu de la célébration, mais le leur ordonnât et même leur défendît, sous peine de nullité du mariage, de suivre de préférence leur loi nationale. Or, où trouverait-on, chez les États représentés à la Conférence, une disposition législative aussi singulière ou, pour mieux dire, aussi peu raisonnable? Ce n'est pas assurément en Suisse; car l'article 25 de la loi de 1874, qu'il faut d'ailleurs combiner avec l'article 54 de la même loi, a pour but, au contraire, d'assurer la validité du mariage des Suisses en pays étranger, en les laissant libres de suivre soit la loi étrangère, soit leur loi nationale. Ce n'est pas davantage en Danemark, puisque M. Renault, dans son rapport, a pu dire, sans que M. Matzen ait protesté : « La législation danoise décide que le statut personnel est déterminé par le domicile. En ce qui touche les Danois établis à l'étranger, cela signifie certainement que leur mariage sera valable en Danemark, s'il a été conclu en observant les conditions de capacité prescrites par la loi du domicile. Maintenant, si on suppose que les conditions de la loi du domicile ont été méconnues et que les conditions de la loi danoise ont été observées, est-il à croire qu'en Danemark on annulerait un pareil mariage et qu'ainsi on punirait des Danois pour s'être fidèlement, à l'étranger, conformés aux lois de leur patrie? » A cela n'ont contredit ni le délégué de Danemark, ni ceux de Suède et de Norvège. C'est qu'en effet une telle conduite est tout à fait invraisemblable. (1) »

Que l'on compare ce commentaire à celui que donnait M. Renault dans son rapport, on ne trouvera pas entre eux, quant au fond, de différence. Au surplus, M. Renault, dans un « mémoire lu à l'Académie des sciences morales et politiques » au sujet des conventions de La Haye, s'exprimant cette fois, non plus au nom d'une commission, mais en son nom personnel, a dit : « Certaines lois laissent plus de latitude à leurs nationaux, telle la loi fédérale suisse du 24 décembre 1874 sur l'état civil dont l'article 25 est ainsi conçu : « Sera reconnu comme valable, dans toute la Confédération, le mariage conclu dans les cantons ou à l'étranger, conformément à la législation qui y est en vigueur ». Si des Suisses se marient en France, qu'ils soient capables de se marier d'après la loi française, mais non d'après leur loi nationale, pourrait-on, par application de la règle générale, déclarer le mariage nul? La préoccupation de la loi suisse ou des lois analogues est que le mariage de leurs ressortissants à l'étranger ait le plus de chances possibles d'être valable. *Il n'y a aucune raison de n'en pas tenir compte et c'est ce que fait l'article 1er dans sa disposition finale*(2)». Ces derniers mots ne rappellent-ils pas la rédaction qu'avait adoptée la conférence de 1894 et ne sont-ils pas déduits de considérations semblables à celles qu'elle avait déterminées? Il est donc bien certain que la Conférence de 1900 s'est inspirée du même sentiment que la précédente.

(1) On vient de voir (ci-dessus, p. 19 et s.) que, d'après la consultation donnée par MM. Holger Federspiel et Matzen, elle n'aurait pas lieu, que M. Renault et moi nous ne nous trompions pas.

(2) Louis Renault, *Les conventions de La Haye* (1896 et 1902) *sur le droit international privé*, Paris, 1903, p. 88.

En 1901, je terminais le passage qui vient d'être rapporté par cette conclusion : « De là il résulte que la restriction mise, dans l'article 1er, à la règle générale n'aura en réalité qu'une portée minime. Elle implique une concession à la théorie dite du « renvoi ». Mais, outre que des concessions peuvent être légitimement faites, dans une convention internationale, à des théories que scientifiquement on n'approuve pas, celle-là est très légère; elle est même bienfaisante, puisqu'elle consiste en ce que les États défèrent au désir manifesté par d'autres États que le mariage de leurs sujets à l'étranger ait toutes les chances possibles d'être valable. »

Voilà, en effet, à quoi se réduit au fond, l'œuvre si vivement incriminée des conférences de La Haye. Je ne dirai même plus aujourd'hui que l'on a fait une concession à la « théorie du renvoi », puisque — je crois l'avoir démontré —, le mot de « renvoi » correspond à une idée chimérique et que l'acceptation de ce prétendu « renvoi » consisterait essentiellement pour un État à substituer dans son territoire à son propre système de droit international privé le système d'un autre État, ce qui, dans l'espèce, n'a certainement pas lieu. Je dirai simplement qu'ici, en présence de deux règles de droit international privé, qui ne sont même pas contraires, mais différentes, un tempérament est apporté au principe que ces deux règles sont indépendantes l'une de l'autre, s'ignorent l'une l'autre.

Eh bien, cela n'est-il pas parfaitement légitime? Pourquoi, en cette matière, deux États ne conviendraient-ils pas de se départir, jusqu'à un certain point, du droit strict que chacun possède? Respectivement souverains sur leur territoire, ils peuvent de part et d'autre s'en tenir à leur propre droit international privé, qui de sa nature est territorial. Je pense même, avec M. Labbé, qu'en principe ils le doivent, sous peine d'abdiquer en ce point leur souveraineté. Mais ce n'est pas abdiquer sa souveraineté que d'y apporter certains tempéraments, dans l'intérêt général. Est-ce que les États n'ont pas conclu, dans des ordres d'idées divers, des accords de cette nature? N'existe-t-il pas entre eux notamment, de nombreux traités d'extradition, dans lesquels, tout en réservant leurs droits essentiels, ils se prêtent contre le crime une mutuelle assistance, et des conventions qui assurent aux jugements des uns sur le territoire des autres, sinon la force exécutoire, ce qui serait excessif, du moins l'autorité de la chose jugée? Dès lors, il est très rationnel que, pour atténuer le conflit des systèmes de droit international privé, ils se relâchent, dans la mesure du possible, de la rigueur du droit. Et, lorsqu'ils le font dans la faible mesure qui vient d'être précisée, rien n'autorise à leur imputer une consécration de la prétendue « théorie du renvoi », de même que s'engager à saisir et à livrer soi-même les criminels étrangers réfugiés sur son territoire, ce n'est pas de la part d'un État reconnaître une doctrine qui autoriserait les autres États à poursuivre et arrêter chez lui ces criminels, de même aussi que s'engager à respecter dans les jugements étrangers l'autorité de la chose jugée et, sous certaines conditions, à leur conférer la force exécutoire, ce n'est pas reconnaître une doctrine qui prétendrait effacer de plein droit, à ce point de vue, l'indépendance respective des États.

La Conférence de La Haye ne mérite donc pas, au fond, les reproches qui lui ont été adressés : elle n'a pas consacré, en matière de mariage, la « théorie du renvoi ». Mais il est vrai qu'en la forme, elle s'est arrêtée définitivement, pour l'article 1er de la convention concernant le mariage, à une rédaction vague, ambiguë, qui permet une fausse interprétation de son œuvre. M. Ligeoix n'a pas eu tort de dire : « Elle donne aux termes employés un double sens, qui perpétue d'une façon peu heureuse l'équivoque à laquelle le système du renvoi a dû sa naissance. » En effet, dans l'article dont il s'agit, le même mot, celui de « loi » s'applique d'abord à une règle de droit interne, puis à une règle de droit international. Et c'est aussi à juste titre que M. Ligeoix fait remarquer que l'on s'est prévalu de cette disposition comme d'un argument décisif en faveur de la « théorie du renvoi ».

Il faut en conclure, non pas que le texte incriminé contient une application et par là même la consécration de cette funeste doctrine, mais qu'il donne lieu de le croire et que la révision, pour ce motif, en est désirable.

XI

CONCLUSION

Cette étude a commencé par l'exposé de l'affaire de la succession Forgo, source en France de la « théorie du renvoi ».

Elle aura pour conclusion les enseignements que comporte l'affaire de la succession Raineri. L'arrêt de la Chambre des requêtes par lequel se termina l'affaire de la succession Forgo remonte au 22 février 1882. Le jugement du tribunal civil de Marseille et l'arrêt de la Cour d'Aix, le confirmant, qu'a suscités l'affaire de la succession Raineri, sont, l'un du 19 juill. 1905, l'autre du 19 juill. 1906 (1). On va voir que ceux-ci, quoique séparés de celui-là par un long intervalle de temps, en sont comme la suite immédiate, que toutes les objections accumulées dans une controverse de vingt-trois et vingt-quatre ans n'ont pas eu le plus faible poids sur l'esprit des derniers juges. On va, de plus, se rendre compte, par un exemple frappant, de l'extrême gravité du désordre qu'engendre dans le droit international privé la « théorie du renvoi ».

Dans la succession du nommé Raineri, Français décédé à Marseille, se trouvait un immeuble situé à Gênes. Il s'agissait, entre autres choses, de savoir si le tribunal civil de Marseille, qui se reconnut compétent, comme étant le tribunal du lieu où la succession s'était ouverte, et qui se reconnut compétent, même à l'égard de l'immeuble, contrairement à la jurisprudence générale, appliquerait au partage de cet immeuble, les règles de la loi française ou celles de la loi italienne. Les prétendants étant la mère de Raineri, d'une part, et, d'autre part, des collatéraux de la ligne paternelle, ces derniers, exclus de la succession par la loi italienne, y étaient appelés pour moitié par la loi française. Laquelle des deux lois devait régir la dévolution de l'immeuble?

Voici quel est, sur cette question, le raisonnement du tribunal : « Aux termes de l'article 3, § 2, du Code civil, les immeubles, même ceux possédés par des étrangers, sont régis par la loi française ; d'où la réciproque universellement admise, c'est-à-dire que les immeubles possédés à l'étranger par des Français sont régis par la loi du pays où ils se trouvent. — Il est également de jurisprudence constante que cette application du statut réel aux immeubles s'étend à la dévolution héréditaire des biens, qui est régie par la loi française ou par la loi étrangère, suivant que les immeubles dépendant de l'hérédité sont situés en France ou à l'étranger et sans avoir égard à la nationalité du *de cujus*. —

(1) Cette *Revue*, 1908, p. 805.

Mais cette jurisprudence, conforme aux plus anciennes traditions, se trouve en conflit avec l'article 8 du titre préliminaire du Code civil italien, aux termes duquel « les successions légitimes ou testamentaires, tant en ce qui concerne l'ordre des successions qu'en ce qui touche la quotité des droits successoraux et la validité intrinsèque des dispositions, sont régies par la loi nationale de la personne dont la succession est ouverte, quels que soient la nature des biens et les pays où ils sont situés. » — Ainsi, tandis que la jurisprudence française classe le régime des successions dans la catégorie des lois réelles par interprétation traditionnelle du principe posé en l'article 3, la législation italienne fait prédominer l'idée de la personnalité et règle la transmission des biens par succession d'après la loi nationale du défunt, sans distinction entre les meubles et les immeubles. — Il faut donc, pour obéir à la loi du pays où se trouve l'immeuble, revenir à la loi française. — Il faut remarquer que, si la jurisprudence soumet les immeubles étrangers à la loi du lieu de leur situation, ce n'est pas en vertu d'une disposition légale impérative, puisque l'article 3 du Code civil ne s'occupe que des immeubles de France, c'est seulement par la nécessité logique de la réciprocité du pays d'où cet article découle, et la puissance étrangère est parfaitement maîtresse de répudier cette réciprocité qui n'était qu'un hommage rendu à sa souveraineté territoriale ; d'où il suit que, lorsque la loi italienne se réfère à la loi nationale d'un Français pour régler la dévolution d'un immeuble existant en Italie, l'application de la loi française ne viole aucun texte, et cette solution paraît d'ailleurs le seul moyen rationnel de résoudre un conflit qui serait sans issue. — Elle peut, en outre, trouver un appui dans un arrêt de la Chambre des requêtes du 22 févr. 1882, qui n'est pas sans analogie avec le cas actuel. — « En conséquence, le tribunal ordonne la liquidation et le partage de la succession de Raineri « conformément à la loi française ».

Quant à la Cour d'Aix, elle approuva ce raisonnement en disant : « les premiers juges ont fait aux circonstances du litige une très exacte application des principes du droit qui dominent la matière ».

Entre l'affaire de la succession Raineri et l'affaire de la succession Forgo, il y avait simple analogie, non pas identité ; mais la conception du droit, chez les juges, a été dans les deux cas la même. Les derniers comme les premiers, aussitôt après avoir constaté le conflit des deux règles de droit international en présence, ont pris parti pour la règle étrangère. « Il faut obéir à la loi du pays où se trouve l'immeuble, et par conséquent revenir à la loi française », a dit tout d'abord et sans hésitation le Tribunal de Marseille. Son jugement serait donc une simple réédition de l'arrêt de la Chambre des requêtes, s'il n'y avait pas entre ces deux décisions cette double différence : tandis qu'en 1882 l'acceptation du « renvoi » n'eut pour effet que de faire appliquer la loi française à une succession mobilière située en France, chose qui n'avait rien en soi d'anormal, elle a eu pour conséquence, en 1905, la chose la plus extraordinaire, à savoir l'application de la loi française, en matière de statut réel, à un immeuble situé hors de France; aussi les juges ont-ils senti qu'une telle conclusion devait être motivée.

Beaucoup, parmi les partisans de la « théorie du renvoi », croyant qu'elle pouvait être confinée dans le domaine du statut personnel, où l'intérêt du débat se réduit à savoir laquelle doit l'emporter de la loi nationale ou de la loi du domicile, déclaraient qu'elle n'offre aucun danger. Nous répondions, nous, ses adversaires, qu'une fois admise, elle s'étendrait logiquement du statut personnel à toutes les autres matières, ce qui serait le bouleversement total du droit international privé, la ruine de cette science. Eh bien, la décision rendue dans l'affaire de la succession Raineri nous donne raison ; nos appréhensions se trouvent justifiées. Les conditions dans lesquelles, ici, la « théorie du renvoi » s'est produite en aggravent dans des proportions énormes le caractère de doctrine funeste.

Qu'appliquer la loi française, en matière de statut réel, à un immeuble étranger fût chose insolite, les juges en ont eu conscience, et y ont cherché un motif. Voici, en termes plus explicites que ceux auxquels ils se sont bornés, le raisonnement qu'ils ont fait. La règle dérivant pour les immeubles situés à l'étranger de l'article 3 de notre Code civil, règle d'après laquelle ils sont soumis à la loi étrangère, ne se fonde ni sur le texte, qui ne l'édicte pas expressément, ni sur quelque principe juridique ; elle a sa raison dans l'idée de réciprocité. Les étrangers étant en France régis par la loi française à l'égard des immeubles qu'ils y possèdent, la réciprocité veut qu'à leur tour les Français possesseurs d'immeubles situés en pays étranger soient, quant à ces immeubles, régis par la loi étrangère. Or, « la puissance étrangère est parfaitement maîtresse de répudier cette réciprocité, qui n'était qu'un hommage rendu à sa souveraineté territoriale ». Et c'est ce qu'elle fait en se référant à la loi nationale du Français décédé. Pourquoi ne pas accepter ce renvoi de compétence? — Eh bien, ce raisonnement pèche par sa base même. L'idée de réciprocité, sans doute, aurait lieu d'intervenir si notre législateur, en soumettant les étrangers à sa loi quant aux immeubles situés sur son territoire, le faisait en vertu d'une concession des souverains de qui relèvent ces étrangers; cela étant, oui, le sentiment d'équité qu'implique l'idée de réciprocité lui ferait un devoir de respecter, à son tour, quant aux immeubles possédés par les Français en pays étranger, la loi étrangère. Mais ce point de départ du raisonnement consiste en une supposition fausse. Il n'est pas vrai que la règle posée dans l'art. 3 du Code civil à l'égard des immeubles situés en France ait son principe dans une concession des souverains étrangers. Le législateur l'a puisée dans le sentiment de sa propre souveraineté. N'ayant rien reçu des législateurs étrangers, il ne leur offre rien en retour. Il reconnaît simplement qu'ils sont souverains sur leur territoire, de même qu'il est souverain chez lui. De tout cela, l'idée de réciprocité demeure entièrement absente.

Si le législateur faisait une offre aux souverains étrangers, le raisonnement, à partir de ce point, serait analogue à celui que, dans l'un des systèmes examinés précédemment, l'on fonde sur la courtoisie : les souverains étrangers sont libres de décliner l'offre qui leur est faite et, dès lors, le législateur français n'a plus qu'à la retirer; l'application de sa propre loi se trouve ainsi justifiée. Mais tandis que la « théorie du renvoi » fondée sur l'idée de courtoisie se comprend en soi et ne doit être rejetée par nous que parce que l'application des lois étrangères est, chez nous, fondée sur l'idée d'une justice impérative, ici, cette doctrine se greffe sur une conception fausse de la raison qui, en matière de statut réel, exige l'application de la loi territoriale. Elle est donc deux fois inadmissible.

Il y a plus. L'application de la « théorie du renvoi » dans le conflit d'une règle de statut réel avec une règle de statut personnel donnera naissance à une situation telle que la qualifier d'inextricable chaos n'aura rien d'excessif. Le Tribunal de Marseille, approuvé par la Cour d'Aix, s'est flatté d'arriver à un heureux résultat. « Cette solution, a-t-il dit, paraît d'ailleurs le seul moyen rationnel de résoudre un conflit qui serait sans issue ». Mais il vaut mieux ne pas tenter de résoudre les conflits sans issue que d'employer le moyen auquel a recouru le Tribunal de Marseille ; car ici le remède est pire que le mal. En quoi consiste la difficulté ? En ceci que la dévolution successorale des immeubles, en vertu d'une très ancienne tradition, fait, dans la législation française, partie du statut réel, ainsi que le Tribunal de Marseille l'a lui-même expressément constaté, tandis que la législation italienne l'a rattachée au statut personnel. A la vérité, le législateur français de 1804 a eu le tort de maintenir, en droit international, dans le statut réel une matière à laquelle, en droit interne, il imprimait lui-même un caractère nouveau de personnalité, la loi sur les successions, désormais, devenant un règlement de famille. Mais qu'importe ? Il faut ici prendre la règle française telle que notre législateur, à tort ou à raison, l'a faite, c'est-à-dire comme imprimant à la loi de succession le caractère de statut réel. Or, ce statut réel, en ce qui concerne les immeubles, est dans chaque pays l'ensemble des lois qui constituent le régime de la propriété foncière. Il est de l'essence de ces lois qu'elles s'appliquent aux immeubles situés dans le pays et ne s'appliquent pas aux immeubles situés au dehors, quelle que soit la nationalité du possesseur. Il est manifeste, en effet, que la réglementation de cette matière intéresse au plus haut degré l'État dont le territoire est en cause et n'intéresse que lui.

Aussi avons-nous vu M. Fiore lui-même, si fervent défenseur de la « théorie du renvoi », y soustraire le statut réel (1). A ce point de vue, a-t-il dit, « la compétence législative est attribuée absolument et exclusivement au souverain de chaque État, en vertu de son domaine éminent sur tout le territoire; tout souverain doit donc être réputé exclusivement compétent pour édicter les lois qui concernent les choses et leur condition juridique, en tant que ces choses font partie du territoire, et pour promulguer les lois sauvegardant les droits de l'État, les droits et les intérêts de la société et la sûreté des particuliers; ces lois doivent être considérées comme étendant leur autorité à tout le monde, aussi bien aux étrangers qu'aux nationaux ». C'est fort juste, mais il en résulte logiquement et nécessaire-

(1) Cette *Revue*, 1907, p. 322.

ment que le souverain d'un pays, à ce point de vue tout-puissant sur son territoire, est, au dehors, absolument sans pouvoir.

Mais, dira-t-on, tel n'a pas été le sentiment du législateur italien, puisque, d'après lui, les lois étrangères concernant les successions laissées par les étrangers, même quant aux immeubles situés sur son territoire, y sont applicables. A cela je réponds que les auteurs du Code civil italien de 1865 ou bien ont sous-entendu que les lois étrangères applicables en Italie seraient seulement celles qui placent aussi la dévolution successorale dans le statut personnel, comme le fait maintenant le Code civil espagnol ou le Code civil allemand, auquel cas la règle posée par eux serait rationnelle, mais sans application possible aux successions françaises, ou bien ont vraiment voulu faire place à toutes les lois étrangères, même à celles qui relèvent du statut réel, comme la loi française, auquel cas ce qu'ils auraient voulu serait impossible. Ils auraient voulu, dans ce dernier cas, l'impossible ; car il n'a pas pu dépendre d'eux de transformer en loi personnelle une loi réelle et, de la part d'un législateur, introduire sur son territoire les lois réelles étrangères, ce serait organiser chez lui la propriété foncière et, comme dit M. Fiore, « sauvegarder les droits de l'État, les droits et les intérêts de la société » d'après les lois étrangères, c'est-à-dire commettre un acte absurde. Par conséquent, le juge étranger, dans l'espèce le juge français, qui applique à un immeuble italien une loi française dont le caractère est d'être un statut réel et qui l'y applique avec la pensée d'être d'accord avec le législateur italien, fait à son tour de deux choses l'une : ou il se trompe et méconnaît l'esprit de la loi italienne, ou bien, s'associant à l'erreur commise par le législateur italien, il bouleverse avec lui les notions fondamentales, essentielles, du droit international privé.

Ainsi, les décisions rendues dans l'affaire de la succession Raineri nous offrent un nouveau et dernier mode de concevoir la « théorie du renvoi », plus dangereux encore que tous ceux dont l'analyse a été l'objet de la présente étude, et, par l'application même qu'elles ont faite de cette doctrine, doivent être considérées, plus encore que les arrêts qui l'ont repoussée, comme en emportant la condamnation sans appel.

BAR-LE-DUC. — IMPRIMERIE CONTANT-LAGUERRE.

www.ingramcontent.com/pod-product-compliance
Ingram Content Group UK Ltd.
Pitfield, Milton Keynes, MK11 3LW, UK
UKHW012036240726
13965UKWH00003B/838